明朝热搜榜

风云变幻卷 →

黄荣郎　著

中国法制出版社
CHINA LEGAL PUBLISHING HOUSE

序 言

次偶然的机会，和朋友谈到他几年前去参观大英博物馆，刚好碰到馆中正在做 "Ming: 50 years that changed China"（明：盛世皇朝50年）的特展。令他惊讶的倒不是珍贵的珍宝文物，而是一些外国友人对明代文化及历史的看法。这些人或许不是有学术底子的中国史学者，但对明代却普遍有一个矛盾的印象：一方面，在艺术与文化上，他们认为这是一个繁华的黄金时代，其中尤以花瓶及书画最令他们着迷；但另一方面，他们却又鄙夷地认为这个中国与欧洲互相发现的时期，是中国陷入衰弱和落后的开端。虽然细问他们也说不出明朝到底是哪里腐败或是强大，甚至连那时的中国人是不是留辫子都搞不清楚，但这却实实在在就是很多西方人眼中的大明。

的确，从艺术成就方面来说，明代比之文艺复兴时的西方可说是毫不逊色，正值顶峰的青花瓷、造型简约完美的明式家具、趋于成熟的篆刻艺术、淡雅清新的吴门绘画、精彩绝伦的章回小说，都证明了这是一个非凡的朝代。但从政治方面来看，厂卫横行、权宦乱政、滥施廷杖、政党恶斗，以及皇帝不可思议的统治方式，都让这个以光明为名的一等一大国难逃恶名。

《明朝热搜榜》完整呈现明朝这两百多年间的光与影。从公元一三五一年红巾军揭竿开始，借由一则则新闻，再现朱元璋如何在群雄逐鹿的生死竞赛中脱颖而出以及一个新兴王朝如何重新建构国家体制，透视明太祖对工作的狂热与执着以及对功臣的残酷与无情；展现建文削藩所引发的冲突现场以及燕王靖难所带来的肃杀血腥。对大明五征漠北、七下西洋，以及三杨辅政、仁宣盛世的荣景，我们感到赞叹；对朱氏王朝诛尽十族、瓜蔓连抄，以及王振擅权、土木兵败的黑暗，我们也感到悲凄。我们能感受夺门换主的惊险与后宫争斗的毒辣，体验上百官员罚跪受杖的震撼及锦衣爪牙织罪施刑的恐怖，领略正德嬉游玩闹的荒唐和万历堆积奏疏的本事，见识嘉靖皇帝威柄在御的统治手段与权珰重臣翻天覆地的政治伎俩。本书内容截止到公元一六二五年，这一年并非大明王朝的终点，而是因为我们将一六二六年皇太极登上后金汗国的大汗之位当成《清朝热搜榜》的开端。大明在这以后的叙述，都已经并入《清朝热搜榜》之中，读者在看完本册之后可以接续阅览，不会有衔接上的问题。

除了经典必读的重要事件外，这套书还特别收录了"明教""奇皇后""郑和""豹房""廷杖""雅贿"等专题报道和名词解释来增加阅读的深度。同时也在相对应的时间点上，切入一些重要国际事件，以便和逐渐产生碰撞的西方历史接轨。另外还从史籍记载中选录了不少奇闻，让读者也能轻松地介入当时人们的八卦话题。

本系列以一则则新闻呈现的方式，带领读者穿越时空。在幽默生动的短文牵引下，从枯燥的典籍中脱离，建构出历史的原貌。虽然使用了较为轻松的描述手法来呈现，但还是秉持着根据史实做考据的精神，以《明实录》及《明通鉴》作为最主要的参考时间轴，将原始事件还原到它真实的年份。本系列不但可以当成增加阅读范围的历史入门书籍，也可以当成学生的历史参考书，让你不会有在朋友或同学面前将小说内容误当史实的糗事发生。此外，我也亲手绘制了数百张漫画式插图，来加深读者对相关事件的印象，让读者不用再死背历史。在每一年的版头，都清楚地标注了事件发生的年代，但涉及月、日的部分，为了与古籍记载相符，都采用阴历，以免读者产生混淆，不便之处，还请读者见谅。在各代皇帝名字后面的庙号，其实是要等到人死了之后才会给的，只是为了方便读者在熟悉的传统人物印象与本书角色之间切换，才特别以括号注记。书中出现的职官名称，也做了解释，以使读者更容易地了解其意义。为了方便查考及检索，本书的最后也依年份制作了"热搜事件榜单"，可以快速且轻松地找到想要搜寻的历史事件。

在各种媒体上，时常可以听到成功人士发表演讲，现场总是座无虚席，大家无非是想从他们口中吸取更多的决策经验、探知更多的发展趋势，希望能将成功法则套用到自己身上。其实我一直觉得，当书中千百年前发生的故事不只是故事，而是成为可以影响我们思考、改变我们命运的锦囊时，一本书的真正价值将远远高于封底上所标示的价格。当书中的文句串起新时代中国人与古老中国的历史情感，让两岸同胞都能以同一面镜子为借鉴的话，那一本书的真正重量也就不止于掌上感受到的重量。感谢中国法制出版社的编辑们在出版过程中给予的包容以及协助，让本书的出版能为两岸历史文化交流做出小小的贡献。更谢谢一路陪着我的读者们，以及首次翻阅拙著的新朋友，愿意在这么繁忙的生活中，拨出点时间来听我说说故事。

不管这个时代的我们身处何处，数千年同源同种的历史文化，却是中华儿女共同的根与骄傲。很荣幸这次能与中国法制出版社合作，将这套书献给大家，让两岸的读者，尤其是新时代的青少年朋友，都能对我们自己的先祖及历史有更进一步的认识及兴趣。也真心企盼，挑灯埋首于书堆中创作的我能为中华历史文化的绵延尽绵薄之力。

目　录

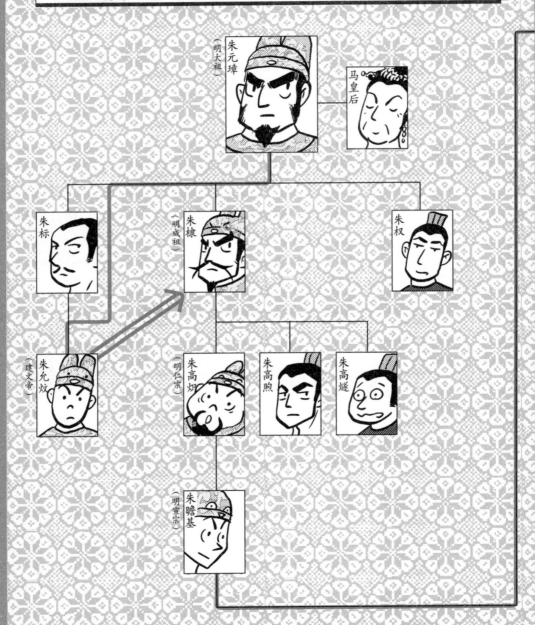
皇族世系表（部分）·大明

皇族世系表（部分）·大明

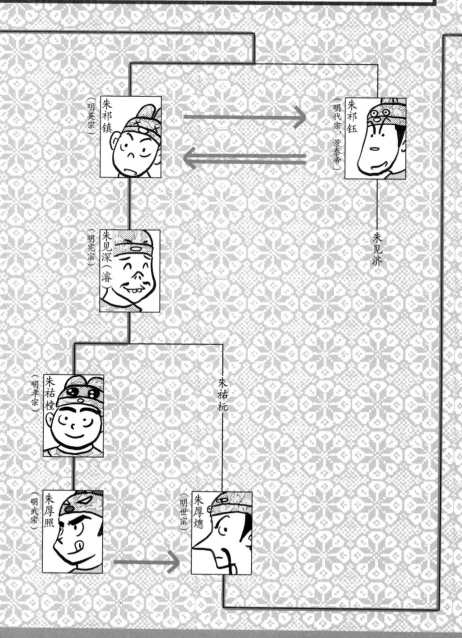

皇族世系表（部分）·大明

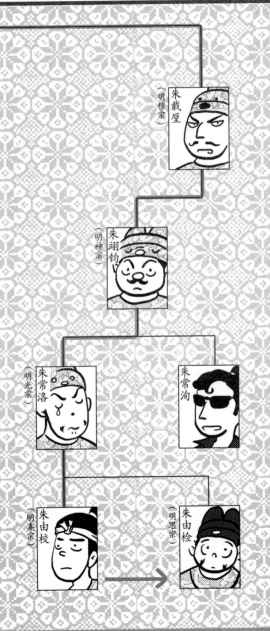

重要登场人物·大明

 徐达
 李善长
 常遇春
 刘基
 胡惟庸
 蓝玉

 汤和
 李文忠
 冯胜
 邓愈
 廖永忠
 康茂才

 朱亮祖
 花云
 朱升
 杨宪
 汪广洋
 傅友德

 宋濂
 茹太素
 常茂
 王国用
 王朴
 耿炳文

 徐辉祖
 李景隆
 开济
 欧阳伦
 陈瑛
 王通

 纪纲
 刘荣
 姚广孝
 郑和
 杨士奇
 杨荣

重要登场人物·大明

重要登场人物·大明

 张钦

 门达

 陈钺

 张鹤龄

 张延龄

 张彩

 杨廷和

 严嵩

 夏言

 徐阶

 张居正

 张璁

 王守仁

 汪直

 徐有贞

 曹吉祥

 石亨

 朱赓

 沈鲤

 杨涟

 左光斗

 冯恩

 杨爵

 周天佐

 浦鋐

 杨继盛

 梁芳

 尚铭

 李孜省

 继晓

 赵文华

 胡宗宪

 吴中行

 赵用贤

 艾穆

 邹元标

重要登场人物·大明

 沈思孝
 顾宪成
 桂萼
 冯保
 郑贵妃
 海瑞

 严世蕃
 魏忠贤
 客氏
 熊廷弼
 孙承宗
 王化贞

 杨镐
 李如松
 戚继光
 仇鸾
 李选侍
 梁永

重要登场人物·元系

 妥懽帖睦尔（元惠宗、元顺帝）
 爱猷识理达腊（元昭宗）
 察罕帖木儿
 扩廓帖木儿
 脱脱
 博罗帖木儿

 阿鲁台
 陈友定

重要登场人物·其他阵营

（小明王）韩林儿

刘福通

徐寿辉

张士诚

陈友谅

方国珍

郭子兴

孙德崖

彭莹玉

倪文俊

赵普胜

彭大

赵均用

明升

郭天爵

陈季扩

黎利

思任发

陈祖义

简定

锡兰王

也先

小王子

三娘子

努尔哈赤

皇太极

印加国王

丰臣秀吉

哥伦布

麦哲伦

利玛窦

第一章

永乐盛世　王振擅权

（公元一四〇三年～一四四九年）

本章大事件

▸ 宦官提督监军
　太监势力大增

公元一四〇三年

公元一四〇四年
▸ 好圣孙成建储关键
　朱高炽立为皇太子

▸ 三保太监宝船下西洋
　宣扬国威暗寻建文帝

公元一四〇五年

公元一四〇六年
▸ 齐王当庭咆哮
　父子俱成庶人

▸ 安南再反
　明军惨败

公元一四〇八年

公元一四〇九年
▸ 郑和三度下西洋
　锡兰王态度可疑

▸ 朱棣御驾亲征
　追击鞑靼可汗

公元一四一〇年

公元一四一一年
▸ 直捣黄龙破敌大军
　郑和生擒锡兰国王

▸ 全部都是小鲜肉
　皇太孙卫队成军

公元一四一二年

公元一四一三年
▸ 郑和四度率船队出访

▸ 皇帝亲率铁骑冲击
　明军漠北大获全胜

公元一四一四年

公元一四一六年
▸ 汉王骄纵杀人差点被废
　太子流泪求情就藩山东

▸ 黎利自称平定王
　交趾再度燃暴动

公元一四一八年

公元一四一九年
▸ 辽东地区抗倭有成
　千余匪贼全遭歼灭

▸ 东厂成立
　太监提督
　宦官势力高涨
　将成乱政之源

公元一四二〇年

公元一四二一年
▸ 郑和护送十六国使臣
　再启第六次出访任务

▶ 永乐帝亲领大军北征
阿鲁台避战闻风逃窜

公元一四二二年

▶ 称帝未周年驾崩
太子朱瞻基继位

公元一四二四年

▶ 明成祖病逝榆木川
朱高炽继位洪熙朝

公元一四二五年

公元一四二七年

▶ 黎利请降
大明保住颜面
安南封王
尽撤军民回国

▶ 少年英豪出塞口
天子巡边亲杀敌

公元一四二八年

▶ 黎利封王未准
安南自行称帝

公元一四三〇年

▶ 大掌柜夏原吉去世
性节俭宽厚待人

公元一四三一年

公元一四三三年

▶ 七下西洋建伟业
郑和过劳葬异乡

▶ 圣驾巡边欲袭瓦剌
杨荣谏止维护诚信

公元一四三四年

▶ 大火烧毁试卷
裁定全数重考

公元一四三五年

▶ 宣宗早逝新帝年幼
张后授权三杨辅政

公元一四三八年

公元一四三九年

▶ 麓川政变
明军惨败

▶ 三杨王振濒失衡
内阁预先注新血

公元一四四〇年

▶ 上疏建言忤王振
刘球被杀遭肢解

公元一四四二年

▶ 瓦剌贡使人数超额
暗盘交易武器外流

公元一四四三年

公元一四四四年

▶ 官二代仗势杀人
杨士奇忧惭去世

▶ 二十万灾民入豫乞食
巡抚官于谦开仓赈灾

公元一四四五年

▶ 邓茂七福建起事

公元一四四六年

公元一四四八年

▶ 矿盗流窜福建
政府派兵镇压

3

年度热搜榜

诸王恢复封爵

在建文时期被流放或除爵的周王朱橚（朱棣五弟）、齐王朱榑（七弟）、代王朱桂（十三弟）、岷王朱楩（十八弟）等人，都已在日前恢复了爵位，并获准回到自己的封国。靖难之役中打开城门，将燕军迎入京师的谷王朱橞因立下大功，特别被赐予乐队七个、卫士三百的礼遇，以及增加每年禄米二千石的奖赏。而一开始被胁迫入伙的宁王朱权（十七弟），则因其原封地大宁已成一座空城，所以将他改封到南昌，原本的江西布政使司衙门改为新的王府。

宦官提督监军　太监势力大增

由于朱允炆始终牢记着祖父朱元璋的教训，对宦官的管制十分严格，所以在燕军渡江之时，有许多宦官出逃到朱棣阵营，以泄露朝廷虚实来作为邀功的手段。这使得朱棣在成功夺得皇位之后，心中总是对这些人存

接下来采取口袋战术，由左翼从十点钟方向……

说白话……

有感谢之意，开始将某些权力交到宦官的手中以作为奖赏。日前，当朱棣要派顾成、韩观、何福等大将分别前往贵州、广西、宁夏等边防之地镇守的时候，便从这批有功的宦官之中选了几个较有谋略的人与这些将军同行。

但这些宦官的职责并不是去服侍人，而是穿着御赐的公侯服装，以高于将领的地位随行。随后，京城设置三大营时，朱棣也同样重用宦官，以提督（军事指挥官）的职衔监军。分析师表示，宦官干政向来为一大禁忌，从历史上的教训来看，严重者往往导致亡国危机。当初朱元璋也正是因为看清了此点，才会下令严禁宦官干政，甚至连读书识字都不行。而如今朱棣为了酬赏靖难功臣，给予宦官过多的权力，无疑将成为大明祸患的开端。

年度热搜榜

身居政府要职的道衍和尚在退朝后还是会换上袈裟，恢复出家人的身份

道衍赐名姚广孝
黑衣宰相封少师

当初辅佐朱棣，从决定起兵到转战各地，一路为其出谋划策的道衍和尚，虽然不像一般武将那样亲临战场，但朱棣能夺得天下，他的贡献可以说是最多的。前年（一四〇二年）在大封功臣时，因为道衍是出家人，身份特殊，所以只任命他为僧录司左善世（佛教管理部门官员），而没有封公列侯。朱棣对此一直觉得很过意不去，于是在不久前又封他为太子少师（太子教授，为荣誉虚衔），还恢复他原本的姓，并赐名广孝，追赠其祖、父同样的官职。据闻，朱棣私下在与道衍和尚交谈时，为了表示敬意，从来不直呼其名，总是以"少师"的官名来尊称他，而且下令让他蓄发还俗，又赐给他豪宅与许多的宫女。只不过这些他都没有接受，还是继续住在佛寺中，在入朝议事时换上规定的官服，但在退朝后仍旧穿回他的袈裟，也因此在私底下得了个"黑衣宰相"的称号。

好圣孙成建储关键　朱高炽立为皇太子

　　日前，朱棣册立世子朱高炽为皇太子，正式确定了他的接班人身份。据了解，当初靖难兵起之时，朱棣让长子朱高炽留守北平，而带着长相跟性格都比较像自己的次子朱高煦在外打仗。在一场场的战役洗礼下，朱高煦果然不负父望，立下了许多战功。同时，又有不少官员和将领，在这场继承人争夺战之中是倾向于次子的。加上朱高炽本身因为过度肥胖而且脚有残疾，在行动上不甚方便，连走路都要有人搀扶，所以本来就不得父亲的欢心。种种情况都使得朱棣本人对是否要立长子为太子开始犹豫，也让朱高煦眼看着夺嫡有望。但是最后出现转折，让朱高炽能顺利保住继承人之位的关键人物，就是近来朱棣非常倚重的翰林学士（侍从官）解缙。一开始，朱棣就立储问题询问他的意见，解缙回答说："世子仁孝，天下归心。"但显然这个理由没有打动朱棣，而解缙看朱棣默不作声，便又补了一句"好圣孙"。意指朱高炽之子朱瞻基，将在身体不好的朱高炽死后继位，成为一个卓越的国家领导人。此话一出，便让朱棣点头表示赞同，把朱高炽推上了太子之位，而封朱高煦为汉王、朱高燧（朱棣三子）为赵王。不过，据可靠的消息，在太子争夺战中失利的朱高煦，不但没有乖乖地到他的封地云南去，还对朱高炽愈加恼怒。

朱棣因为非常喜爱皇长孙朱瞻基，所以便立朱高炽为太子，朱高煦的接班美梦就此破碎

一度想以绝食来证明自己清白的李景隆，在失败后仍被终身禁锢

——耿炳文上吊自尽　李景隆抄家禁锢——

在朱棣起兵之时曾经担任南军统帅，带领大军北伐的长兴侯耿炳文，虽然在朱棣成功夺得皇位之后没有马上遭到整肃清算，但由于他早就被贴了标签归属到建文皇帝一派，所以朱棣心里其实一直很想把他除掉。而当主子的言语眼神中透露出这种想法时，当然就有一些善于察言观色的部属，会把上位的意念付之行动。就是在这种情况之下，刑部尚书（高级官员）郑赐、都御史（监察官）陈瑛上疏弹劾耿炳文，说他的衣服器皿上头有御用的龙凤纹饰，连玉带都用了红色皮革，

而这些可都是皇帝才能享受的。结果朱棣下诏将耿炳文抄家，并逼得他上吊自尽。还有当初以开门迎王师入京之功，加太子太保、左柱国（皆荣誉虚衔），上朝时位置排在诸臣之首的李景隆，也因连续被官员弹劾说有谋逆以及不法之事，在日前被削夺爵位并没收家产，同时禁锢于家中。据说李景隆不服这项判决，绝食以明其志。不过在绝食十天之后，政府并没有任何反应，而李景隆也没有死成，他只好继续接受软禁，在家坐牢，哀怨地度过余生了。

年度热搜榜

【明·永乐三年】公元一四〇五年

三保太监宝船下西洋　宣扬国威暗寻建文帝

由地位居于所有宦官之首的内官监太监（宦官管理部门负责人）郑和所率领的庞大船队，在今年六月带着三万七千多人，分乘大船六十二艘，小船二百余艘，满载着丝绸、瓷器等珍宝，奉皇帝朱棣之命出使西洋。政府发言人表示，郑和此行将遍历西洋各国，宣读天子诏书，并给各国君长丰厚的赏赐，让他们以大明藩国的身份称臣朝贡。但如果遇到不肯乖乖俯首归顺的，便会直接动用强大的武力来加以威慑。预计船队由苏州转到福州正式扬帆起程后，会先抵达占城，再往南航行至爪哇，然后西行往苏门答腊、锡兰、古里方向前进。不过，也有政治评论家表示，这个庞大船队出海的真正目的，极有可能是要追查朱允炆的下落。因为当时燕军攻入京城，虽然宣称已经找到皇帝的尸体，但实际上尸体本已被烧得焦黑而不可辨认，加上一直有传言说朱允炆已经潜逃出海，准备在适当的时机重起炉灶。朱棣对此耿耿于怀，更不愿意看到复辟之事发生，所以才会命郑和出使西洋。表面上是要宣扬国威，但私底下却是要去探寻朱允炆的踪迹。至少也要先吓唬吓唬这些国家，打上一剂预防针，这样万一以后朱允炆真的在海外活动的话，才没有国家敢支持他。

记住，此次行动还有一项秘密任务……

郑和下西洋除了宣扬国威之外，还肩负探查建文帝下落的秘密任务

【专题报道】郑和

　　郑和原名马和，小名三保，祖先在元朝初年便移居云南，是当地很受尊敬的贵族。马家世代信奉伊斯兰教，郑和的祖父和父亲都曾经跋涉千里前往麦加朝圣。洪武十四年（一三八一年），朱元璋派傅友德及蓝玉率领三十万大军，前往云南讨伐残存的元军势力。就是在此役中，年仅十一岁的马和被明军俘虏，不但惨遭阉割的酷刑，还被留在军中打杂随侍。后来，他随着明军回到京师，并于十四岁那年被分派到北平的燕王府服务。燕王朱棣见马和聪明伶俐，便把他留在身边当作亲信。与朱元璋不同的是，朱棣不但不排斥身边的宦官读书识字，还挑选学问渊博的官员到府中为这些宦官上课，并允许他们阅读王府中的大量藏书，以提高他们的文化水准。就是在这样的条件之下，原本就天资聪颖且勤奋好学的马和，一下子就显得才学特别出众，加上他身材魁梧，习得一身的好武艺，因而得到主子的赏识与器重，可以说是所有内侍中最为朱棣信赖的一个。在靖难之役中，马和也多次完成燕王委派的任务，英勇建功。后来，朱棣为表扬他的功勋，特别赐姓"郑"，并授予正四品的内官监太监之职。由于郑和学识丰富、通晓各国的文化及史地知识，而且又思维敏捷，所以其后还多次代表政府出使暹罗、日本等国，进行外交工作。在累积了许多经验，并且一再取得令人满意的外交成果之后，郑和便成了此次下西洋指挥官的不二人选。

齐王当庭咆哮

在建文年间被朱允炆削藩囚禁，等到朱棣当上皇帝之后才被恢复爵位的齐王朱榑，于日前来京朝见。但因朝中又有大臣对他之前的恶行劣迹再次提起弹劾，朱榑被激怒，当庭咆哮说："奸臣喋喋不休，难道是又想要效法建文时候的事了吗？我有机会一定会把你们这些人全都宰了！"不过在皇帝面前，

父子俱成庶人

岂容哪个人这么嚣张气盛，所以朱榑话才一说完，就马上被朱棣打脸，下令把他留置在京城之中，并削夺其官属及护卫，以作为惩戒示警。但朱榑被留下之后，不但没有静心悔改，反而更加心生不满，每天不断地抱怨。最后终于再度惹恼了朱棣，于是朱棣便下令召朱榑的儿子到京师，然后将他们父子一起废为庶人。

周王朱橚亲著《救荒本草》发行

周王朱橚耗时多年终于完成《救荒本草》一书

周王怎么了？

他学神农氏尝百草，吃到有毒的植物了……

周王朱橚所著的《救荒本草》一书，今年在开封发行，并引起医界极大的反响。据记者了解，《救荒本草》是朱橚花费多年时间收集河南地区的野生食用植物进行栽培，然后详细记述其产地、形态、性味及食用方法，并以完整的根、茎、叶、花、果等插图所编纂而成的。本书共二卷，对各种植物特性的描述可说是相当细致精准。本书内容不但力求通俗易懂，以便让食不果腹的饥民可以当成救命宝典，还详述了各种不同植物的食用方法，如直接采食、腌制、干藏、蒸煮、去异味、制粉等，对于毒性较强的植物则加上同煮、浸泡等去毒法，是一部极有价值的野生植物食用专书。

郑和船队卷入爪哇内战

　　郑和下西洋的船队，不久前浩浩荡荡地抵达了爪哇。但因当地爆发内战，西爪哇王正派兵攻击东爪哇，使得郑和的士兵在登陆之后，意外地卷入这场战事，被西爪哇的士兵杀死了一百七十人。郑和对此极为愤怒，表示如果对方不能给出明确的交代，就要动用武力加以征讨。看到大明舰队的惊人阵容，西爪哇王吓呆了，知道自己闯下大祸，于是诚恳道歉，并进献六万两黄金作为补偿，才平息了这场风波。

安南胡氏篡陈朝

　　建文二年（一四〇〇年）的时候，安南的权臣胡季犛（也称黎季犛、胡一元）篡位，谋害了世代向明朝称臣的陈氏族，并让自己的儿子胡查（胡汉苍）坐上了王位。但为了避免大明朝廷猜疑，便于永乐元年（一四〇三年）遣使向朱棣谎称陈氏宗嗣已经灭绝，而他是陈氏的外甥，在大家公推之下继承陈氏之位，请求朝廷降旨敕封。由于安南地处偏远，查证不易，所以朱棣同意封胡查为安南国王。后来，一个叫陈天平的人自称是陈氏王族的后代，到明廷控诉胡氏篡

十万明军怒南征

位，并要求皇帝能出面做主，以恢复陈氏在安南的统治地位。这时已经因为边界问题与大明政府关系有些紧张的胡氏政权，在受到明廷的指责之后，为免事态扩大，便承认自己的罪行，也承诺要迎归陈天平坐回安南王之位。但是在今年三月，当明军护送陈天平进入安南的时候，胡氏却又派部队截击明军，而且将俘获的陈天平凌迟处死。朱棣闻讯，龙颜大怒，发出檄文列举胡氏的二十条大罪，并下令数十万大军集结，准备南征。

以后它就是你们的首领了，要乖乖听从它的领导啊！

呵呵呵……没问题啊……

安南陈氏王朝后代在明军护送下回到故土，结果仍被篡位者胡氏杀死

年度热搜榜

【明·永乐五年】公元一四〇七年

由于安南陈氏子嗣已被胡氏杀害殆尽，所以朱棣便下令废去安南王国，改设交趾三司

胡氏不敌南征大军　安南建为交趾三司

去年（一四〇六年）底，大明南征军团分兵进攻安南，并以火铳击退了胡军的象兵，攻破了要地升龙，并大肆劫掠女子及财物，还将大批的童男阉割后送入京城。今年，胡军也集结了大量的水军及步兵，与明军在咸子关进行决战。结果胡军不敌溃败，大批士兵溺死河中，沉于水下的船只及军粮则是多得无法计算。而胡氏父子在逃亡两个月之后，终于被明军俘虏，结束了胡氏在安南的统治。明军在此役中也缴获了一千三百多万石的粮储，象、马、牛等共二十三万余头（匹），近九千艘船，以及二百多万件的各式军器。今年六月时，朱棣正式下诏，表示原本是要扶植陈氏重回王位，但因如今陈氏子嗣已被胡氏杀害殆尽，无人可以继承王位，所以便废去安南王国，改设交趾承宣布政使司（地方行政部门）、提刑按察使司（地方司法及监察部门）、都指挥使司（地方军事部门）等官署，由朝廷直接管辖。

12

申请出家人数激增
全数编入远地充军

不久前，礼部向皇帝呈报了一份资料，其中光是直隶（江苏、安徽等处十八个由中央管辖的府）及浙江等地，军民剃发出家并到京师请颁"度牒"（由政府颁发的僧人身份证明）的案件就有一千八百件。朱棣在看到这个惊人的数字之后，十分生气，认为以前太祖就规定过，百姓要年满四十岁才可以出家，现在却有这么多人存着侥幸之心违规申请。于是便下令兵部把这些人全部都编入军籍，并发遣到辽东、甘肃等偏远的地方当兵去了。

郑和生擒陈贼祖义 肃清海路各国称颂

海盗陈祖义想要抢夺郑和船队上的金银宝物，结果反被郑和生擒

从洪武年间便开始横行南洋海域，让邻近各国头痛不已的海盗头子陈祖义，不久前终于栽在郑和的手中，被押回朝廷准备斩首示众。据了解，完成首次下西洋任务的郑和，在返航时听闻早已在当地自立为王的陈祖义，经常四处劫掠船只，造成海上船员极度的恐慌，于是他决定派人加以招抚。而陈祖义见到郑和的船队阵容庞大，认定船上一定载有价值连城的宝物，同时又瞧不起郑和只是个太监，便起了贪念，想要以诈降的手段来进行武力抢夺。不过，郑和早就收到情报，知道陈祖义居心不良，并已事先做好了反偷袭的部署。所以当陈祖义的船队出现在三佛齐时，立刻陷入了大明舰队的包围之中。在激战中，超过五千名海盗被当场杀死，十艘船遭到焚毁，另有七艘被缴。以陈祖义为首的数名海盗头子也都被明军生擒。由于郑和在此役中彻底地粉碎了海盗集团，肃清了海路，使得他成为各国推崇称颂的英雄。

虽然长子朱高炽已被立为皇太子，但次子朱高煦在很多方面得到的待遇却又比他还高

朱棣偏爱次子高煦 解缙进谏被贬广西

日前，一向受到朱棣极度信赖的核心重臣解缙，出人意料地被贬到广西去当参议（中级官员）。据了解，当初解缙因迎附朱棣而骤然得宠，已经使得一些人开始眼红。虽然他才智高超又勇于负责，在能力上毋庸置疑，但是性格过于自负，喜欢无所顾忌地评论别人，为此得罪了许多朝臣。加上当朱棣决定立谁为太子时，只有他拥护长子朱高炽，让朱高煦及一大帮次子阵营的人都十分憎恨他。而这次在讨论发兵安南的计划时，又只有解缙一人持反对意见，使得朱棣也渐渐地对其失去信任。尤其在朱高炽被册立为皇太子之后，朱棣对于汉王朱高煦的宠爱不减反增，给予的待遇更是超过太子。解缙对此不以为然，再次上疏规谏，说这是引发争端的做法。朱棣看完奏章后很不高兴，认为他是在离间父子之情。这时，朱高煦又告状说解缙把之前立太子的议论传播到宫廷之外，同时也有人弹劾解缙阅卷不公，才会让朱棣做出将其降贬的决定。

皇长孙朱瞻基备受重视栽培

已经十岁的皇长孙朱瞻基（朱高炽长子）在今年四月入书房读书，为了好好地培养这个孙子，朱棣还特别命自己最信赖的道衍和尚担任他的老师，并特别交代说："皇长孙天资聪明，要尽心开导。每天讲解经书中关于孝悌仁义，以及帝王训示等可以治国的要点就行了，不必像一般学生那样工于文辞章句。"可见朱棣虽然对于皇太子朱高炽不甚满意，但对于朱瞻基这个"好圣孙"却极为重视，甚至把他当成传位给朱高炽最重要的理由之一了。

再见！

再见！

妈咪，这个叫爸爸的人，是不是要回他在船上的家了啊？

郑和船队刚结束长时间的远洋航行没几天，便再度起程，第二次下西洋去了

郑和船队于九月完成第一次任务返国之后，才休息十几天，便又再度奉命出使西洋。这次整个船队动员的人数高达二万七千人，而将访问的国家则包括占城、爪哇、暹罗、满剌加、南巫里、加异勒、锡兰、柯枝、古里等国。

《永乐大典》进呈 规模宏大取材广泛

历时五年，动员了九千一百六十九位知识分子，从永乐元年（一四〇三年）就开始编修的《永乐大典》终于在日前定稿，并由朱棣亲自定名。全书共二万二千九百三十七卷，一万一千零九十五册，总字数达三亿七千万字，可说是中国有史以来，规模最为宏大的一部类书。相较于以往的类书大多偏重儒家经典、史传文集等，《永乐大典》所收的书目范围非常广泛，包括诸子百家之言、天文地理、阴阳医卜、僧道技艺等八千多种的典籍，不但全都加以分门别类，而且还未加删改一字地整篇抄入，在保存文献的贡献上获得学术界一致的肯定。不过也有专家指出，《永乐大典》不删修原文的做法固然展现了百分之百尊重学术的诚意，但其实在抄书的过程中，还是会有非故意的疏漏讹误之处，倒也要给予小小的扣分。

年度热搜榜

安南再反　明军惨败

在大明把安南初次划入版图，并设立交趾承宣布政使司来管理当地百姓之后，虽然官府已经用较为宽厚的标准予以安抚，但因为当地人还是认为这是外来族群的统治，而致使武力抗争的事件不断出现。不久前，安南陈氏的旧臣简定等人，便利用明军已经班师，留驻当地的兵力不足的大好时机，联络了邻近的势力一同起兵叛乱，并自立为王。朱棣在收到当地官员的奏报之后，命黔国公沐晟为征夷将军，统云南、贵州、四川等地的军队四万人，从云南出兵征讨。同时还遣使传谕给简定等人，表示如果现在投降的话就既往不咎，不过并未获得正面回应。于是到年底时，沐晟率领的大军抵达交趾，并与简定军战于生厥江。但由于对地形不熟加上指挥失当，明军在这一役中惨败，都督金事（军事指挥官）吕毅、兵部尚书刘儁、交趾布政使司参政（中级官员）刘昱皆战死。

安南人在简定的领导之下起兵反抗大明的统治

16

年度热搜榜

管理茶叶与马匹交易　各重点地区设置茶马司

以前在洪武朝的时候，朱元璋为了增加战马的数量，曾经下令凡是有人进贡马匹的，就依照马的品质和等级给予茶叶作为赏赐。当时的行情是上等马赏茶大约一百斤，中等马与下等马则依次递减。等到朱棣坐上大位之后，为了招降纳叛，便下令提高可兑换茶叶的比例，使得马匹行情一路飙高，目前已经涨到只要七十匹马就可以换到八万斤

左右的茶叶。由于利润跟以前比起来足足多了十几倍，所以前来卖马的人越来越多，而茶叶也越来越不够用。更严重的是，因为交易太盛，反而造成马匹的品质下降，导致近来购置的战马瘦弱的居多。有鉴于此，中央政府已经下令要在各重点地区，增设茶马司（茶业马匹交易管理部门），以便更有效率地管理。

茹瑺命子买毒自尽
陈瑛诬陷谋杀父母

当初在靖难之役中迎立有功，且率先恭请朱棣登上帝位的茹瑺，虽曾任兵部尚书及太子少保（太子教授，为荣誉虚衔），但之前却因没有迎送赵王朱高燧（朱棣三子），而被以违反礼制的罪名解职回乡。随后他又遭到家族中的人告发，说他图谋不轨，被逮到京师讯问，后来因查无实据而被释放。不过，他的衰运并未就此结束。他在这次回乡的途中经过长沙，忘

刻薄残酷的陈瑛逼得茹瑺在狱中服毒自尽

了去拜谒谷王朱橞（朱棣十九弟），再一次惹祸上身。刚好此时朱棣很重视藩王之礼，朱橞又因打开金川门迎燕军入京而立有大功，所以朱棣便在左副都御史陈瑛弹劾茹瑺之后，将其打入锦衣卫监狱中严加拷问。委屈的茹瑺悲愤交加，知道自己已经逃不过这关了，于是叫他的儿子茹铨买来毒药，然后在狱中服毒自尽。而为人一向刻薄残酷的陈瑛，此时竟然又弹劾茹铨，说他毒死了父亲，请求以谋杀父母之律来定罪。幸好后来朱棣查明了茹铨买毒完全是遵照父命，便减去其死罪，将他和兄弟家属共二十七人，全都贬到河池去当戍守的兵士了。

大将平安今年不平安

在靖难之役中一度让燕军伤透脑筋的南军大将平安，在灵璧兵败被俘之后，送至北平受审，但朱棣因为爱惜人才，没有杀他。朱棣初即位，便让平安担任北平都指挥使（军事指挥官），永乐元年（一四○三年）更升任为北京留守行后军都督府金事。原本大家还一致看好他的官途，不料噩运却降临了。

自尽身亡只因一句话

今年三月，朱棣赴北京巡视，无意间在阅看奏章时，发现了平安的名字，便不经意对身边的人说："平保儿还在啊？"而当这句话传到平安的耳中之后，他认为皇帝的意思是要他去死，于是便自尽身亡。朱棣事后得到奏报，虽然有些惋惜，但是人死不能复生，所以下令让平安的儿子继续领取指挥使的俸禄。

郑和三度下西洋　锡兰王态度可疑

今年九月，郑和又奉朱棣之命，第三度率领庞大的船队下西洋，预计将拜访沿途的多个国家以宣扬大明天威，其中更特别恭奉诏敕及金银供器前往锡兰山寺布施。不过，就在访问锡兰山国的时候，行事一向小心谨慎的郑和，发现锡兰山国王亚烈苦奈儿态度可疑，有想要谋取大明舰队的意图。为了避免不必要的冲突，郑和便下令船队出港，立即开往其他国家，等以后回程时再好好处理这个问题。

欢迎欢迎！再靠近一点嘛……

锡兰王意图谋夺船舰上的金银宝物，郑和发现后迅速离港，以避免不必要的冲突

北伐军丘福领兵
中敌计全军覆没

近年来，北方边境的蒙古势力逐渐有恢复的迹象，为了彻底解决这个问题，让国家可以长治久安，朱棣便命淇国公丘福率领十万大军北征鞑靼。在出发之前，朱棣对丘福再三告诫，以免他犯下轻敌的致命错误；还跟他说，如果没有机会的话就不要勉强作战，要战就必须等候最佳的时机来临。但是当丘福领着大军在首战击败敌军的一小支部队，并俘获一名敌人的高级官员，探知敌军大营就在前面三十里处时，他便顾不得自己的大军尚未集结完毕，下令飞马疾驰。前两天，与敌人接触的每一仗敌军都是战败逃走，而丘福也是毫不客气地乘胜追击。部将们一再劝阻，认为这是对方的诱敌之计，应该等大军集结之后再继续前进，可惜丘福完全听不进去，还表示再有异议的话，就要把不听前进命令的人全都处斩。于是，将士只好流泪听从他的指挥，继续向北前进。不久后，明军果然陷入敌人大规模的包围之中，最后更是导致全军覆没。朱棣在收到消息之后极为震怒，认为根本没有一个将领是可信任的，于是便决定领兵亲征，让敌军看看大明军团真正的实力。

北伐军统帅丘福一步一步走向敌人所设的埋伏，最后全军覆没

旅途愉快……

原本只是被当作傀儡的陈季扩，在简定被张辅擒获之后，反而成为安南反抗军的实际领导人

张辅挂帅南征　简定被俘解京

去年（一四〇八年）由沐晟率领的明军在交趾惨败的消息传回京城之后，又惊又怒的朱棣便下令张辅配挂征虏将军印，率领从直隶、浙江、江西、福建、湖广、广东、广西征调来的四万七千名大军，立即南下协助沐晟征讨简定等当地的武装叛乱势力。而简定为了得到更多安南人的支持，另外找来一个叫陈季扩的人充任已故安南王陈氏的子嗣，然后拥立他为皇帝，不过所有的实权仍牢牢掌握在被尊称为"上皇"的自己手上。这时叛军的气势正盛，各个军事要地都驻有重兵严密防守，于是张辅便决定改以舟师为主力，从水路发动攻击。这个战略果然

奏效，在连续几次击溃叛军的船舰之后，已经把叛军逼到退无可退的窘境。陈季扩赶紧求饶，派使者前往明军大营，表示自己是陈氏的后代，愿意从此归顺大明，并请求皇帝同意让他袭封王位。只是张辅完全不为所动，对使者说："之前我们遍寻陈氏后人，陈季扩却不曾站出来证明自己的身份。现在走投无路了，才又硬着头皮，妄想来欺骗我们。我奉命讨贼，对其他的事我一概不予理会。"于是分派部将率领步骑先行前进，自己则坐镇舟师随后进军。后来又连续重挫叛军，并在山中抓到了简定，准备把他押解到京师等候审判。

年度热搜榜

官兵续剿交趾　　叛军堆成京观 ⋯⋯⋯⋯⋯⋯⋯⋯⋯⋯⋯⋯⋯⋯⋯⋯⋯⋯

　　在简定被擒获之后，交趾叛军仍继续逃窜作乱，于是张辅又挥军进击。二万多名叛军虽然激烈抵抗，但仍然不敌明军兵威，在战场上被斩杀了四千五百余人。除了部分已经逃散的士兵之外，被俘虏的二千余人，也全数斩首。明军还下令把全部叛军的尸体堆高，然后用土掩埋成小山状的"京观"，以作为炫耀武力之用。由于陈季扩还没有被抓到，仍旧有些叛军的残存势力在各处流窜，所以张辅在班师之前，已奏准将部分将领及部队留在交趾，以便辅佐沐晟继续讨伐陈季扩及其余党。

朱棣御驾亲征　　追击鞑靼可汗

　　朱棣命户部尚书夏原吉辅佐皇长孙朱瞻基留守北平，然后亲自领了五十万大军北征鞑靼。在行军途中，饮水非常缺乏，正当人马都已经口渴难当之际，附近及时涌出泉水，暂时解了明军之急，朱棣将此泉赐名为"神应泉"。就在这种艰苦的条件之下，明军边靠着骆驼运水，边寻找可用之泉补充饮水，一步一步向前推进。最后行至胪朐河，才终于一解缺水之苦，朱棣登山四望，俯临河流，驻马许久，最后将此河更名为"饮马河"以作纪念。据随军记者回报，朱棣一路上都十分关心部队的饮水及膳食问题，不但要看着所有的军士都吃完饭，他才肯进食，连用膳时也特别交代负责人员不要为他准备肉类，说想到军士们如此艰苦，便食不知味，要等到大军

怎么会这么巧？

喷！

正当明军缺水之际，地上就冒出了泉水

得胜之日，再与众军士一同开荤庆祝。而就在此时，他从抓获的敌军口中得知鞑靼可汗本雅失里的营寨就在不远处。于是他下令全军渡过饮马河驻营，然后亲自率领轻骑兵，每人自带二十天的粮食，前往追击本雅失里。

交趾地局势不稳　陈季扩降而复叛

　　留在交趾的沐晟继续追击陈季扩的余党，并在古弘附近大败叛军，斩杀了三千余人。陈季扩虽然再度侥幸脱逃，但也因情势窘迫而上表请降。朱棣明知道他不是真心归降，但为了局势安定，姑且先允许，任命陈季扩为交趾右布政使（地方行政长官），而他的部将们也都被授予军中的职务。只不过这样的假性和平并没有持续太久，过了一阵子陈季扩便又抗命再反了。

明军北击　重创鞑靼

　　明军渡过饮马河之后，鞑靼可汗本雅失里非常害怕，便要丞相（高级官员）阿鲁台一起西迁，但阿鲁台不肯听命，于是鞑靼部众开始分裂溃散，其中一部分跟着本雅失里往西逃亡，另一部分则随着阿鲁台东奔。而朱棣的精锐轻骑，很快在斡难河追上了本雅失里，逼得他非正面迎战不可。朱棣挥军进击，一举将鞑靼部队击溃。本雅失里丢下所有的辎重牲畜，只带着七名护卫狼狈逃窜。随后朱棣又挥军向东追击阿鲁台，大败其部并杀敌无数，阿鲁台则在混战中坠马，逃奔而去。此时由于天气炎热又缺水，部队粮草也渐感不济，所以朱棣便下令班师。这次的行动虽然没有擒获本雅失里，但却沉重地打击了鞑靼部的力量，也让阿鲁台随后便向大明皇帝进贡马匹，以表示臣服之意，朱棣也回赠他丰厚的赏赐。

弹劾无数大臣 陈瑛今日赴死

为人一向苛刻残酷，动不动就抓住小辫子乱弹劾人的左都御史陈瑛，日前因违法乱纪，遭人检举而被下狱处死。据记者统计，在陈瑛受到朱棣宠信的时期，无端遭到弹劾的勋戚大臣多达几十人，历城侯盛庸、曹国公李景隆、长兴侯耿炳文等人，都是因为他而落得悲惨的下场。朱棣却因为陈瑛勇于弹劾高官，越发地宠信，也使得朝中人人自危，不知什么时候会被陈瑛奏上一本而丢了性命。如今陈瑛得罪而死，坛出现一片欢呼之声，每个拍手叫好。

咚！

没想到你也会有今天吧！

……

害死数十名忠良官员的陈瑛终于伏法，各界无不拍手称快

张辅军中立威　再破安南主力

央政府在得知交趾的陈季扩又叛变便再度命安南最惧怕的张辅领军于人，与沐晟一同出兵征讨。不过张线时，发现有许多部队军心浮动，所指示的任务常常推三阻四，不去命令。于是他就找了其中一个情部将黄中来开刀，把他以不服军示众了。这一招果然奏效，所有

的将士都因此而提心吊胆，对张辅发出的命令再也不敢有所质疑。今年七月，张辅下令对叛军展开攻击，先令水军连舰拔除叛军连绵数里的巨型木桩，向前推进，然后自己率领步兵去清剿敌军的伏兵。在水陆分兵夹攻之下，明军在月常江击破敌军主力，生擒了对方的指挥官，并缴获了一百多艘船只。

郑和趁敌军大举出动，后防空虚之际，从小路直捣王城

次子的复仇
解缙被押入狱

之前因小事被贬至交趾的解缙，最近入京奏事的时候，因为刚好朱棣亲自领兵北征尚未归来，所以他在进谒了太子朱高炽之后便返回贬所。而一向与朱高炽不和，不断找机会要把他拉下太子之位的汉王朱高煦则逮到了把柄，向父亲告状，说太子在监国期间，私自接见官员，而解缙径自归去，无人臣之礼，使得朱棣大为震怒。这时，解缙刚好与另一个被贬的官员王偁一起走到了广东，他见赣江两岸旱情严重，便上疏建议政府开凿赣江以贯通南北。奏疏到京的时候，也正好是朱棣要下令逮捕他的时候，于是他就被锦衣卫逮入诏狱严刑拷问了。之后，不但解缙就这样被关在狱中，还有好多官员也受到牵连而银铛入狱，有些身体不好的，就这样病死在里面了。

直捣黄龙破敌大军
郑和生擒锡兰国王

郑和在回程的时候再次经过锡兰山国，□国王亚烈苦奈儿仍旧想要对郑和的船队下□于是就找借口把郑和诱骗进来，然后发兵围攻大明舰队，并伐木阻断明军归路。□和对此早有提防，便趁着对方倾巢出□空虚之时，仅带领二千精锐部队，□其不意突袭王城。亚烈苦奈儿没有□一招，事前未做任何防备，于是□被郑和攻破，他自己和家属也都□同随船队被押回大明。虽然朝□其诛杀，但朱棣却怜悯亚烈苦□他和他的妻儿都遭返回国，另□人当中选出一位贤能者，让□结果这件事情传开之后，□更真心实意地臣服于大明□

朱瞻基受封皇太孙

今年十一月初十，朱棣在华盖殿亲自为皇长孙朱瞻基戴冠，正□明王朝第二顺位的皇位继承人。之后朱瞻基的冕服样式将与皇太□亲王一致。

24

年度热搜榜

自觉不妥　朱棣下令严禁宦官干涉地方政事

由于之前许多在靖难之役中立下功劳的宦官，都被派任为部队的监军（监督官）或是前往各地方查询事务，导致近来宦官干预政府部门决策的事件是越来越多。而始作俑者朱棣在得知这种情况之后，也开始觉得这样下去并不妥，但又不能承认是自己的错。于是他便在日前告谕都察院（监察部门）的官员，说以前只是"偶尔"派遣宦官到各处去探查事务，从来就没有正式委任他们什么职位或交付重大任务。而且各地方本来就有承宣布政使司、提刑按察使司、都指挥使司，以及各道的巡按御史（监察官），这些官员都可以按照自己的职责掌事，与宦官没有任何关系。并表示从今以后，一律严禁宦官再去干预各单位的政事。

全部都是小鲜肉　皇太孙卫队成军

由于皇太孙朱瞻基从小就颇有胆略，所以深得祖父朱棣器重，并要他在求学之余也兼习武事。日前，朱棣命兵部尚书征集各地十七岁至二十岁学过武术的青年，由政府提供路费及食宿费用，把他们都送到京师，以"幼军"之名，充任皇太孙的随从卫队。

高煦结党企图拉下太子　耿通据理言事竟被凌迟

之前朱棣北巡的时候，由太子朱高炽监国，而汉王朱高煦为了谋取太子之位，便买通了许多官员结党营私，专在朱棣面前挑拨太子的不是。这使得朱棣在回朝之后，对于太子监国时所做的许多决定，都加以变更改动。一向敢于言事的大理寺右丞（中级官员）耿通，再三劝谏说太子所做的决策并没有太大的错误，用不着全面变更，因而惹恼了朱棣。不久前，又有人打小报告说耿通受请托为人脱罪。于是朱棣在震怒之下，告诉审讯官员说耿通破坏祖法、离间父子，一定要处以极刑。相关单位就依照圣意，将耿通以奸党论处，判了一个凌迟处死的酷刑。

张辅继续推进 大折叛军锐气

张辅大军在交趾继续往前推进，叛军也不甘示弱，集结了所有的精锐部队，摆开四百余艘船只的阵仗，分成三队向明军发动攻击。张辅的部队先集中火力猛攻敌军中路，而对方则是以左右两翼齐进包夹，爆发了激烈的肉搏战。经过一整个上午的血战之后，张辅终于大破敌军，擒获了对方七十五名首领。随后张辅大军前进到义安扎营，叛军将领也一个接一个前来归降，这大大地折损了叛军的锐气。

锦衣卫使罗织罪名　冷面寒铁枉作直鬼

行事公正不阿、弹劾不避权贵，人称"冷面寒铁"的浙江提刑按察使（地方司法及监察官员）周新，日前竟因被诬陷而遭到处斩。记者在深入追查之后，终于发掘出事情的真相。原来是近来擅权枉法的锦衣卫指挥使纪纲，派了一个锦衣卫千户（中级官员）到浙江去缉捕侦查。这个千户仗着自己是锦衣卫，四处作威索贿，为害乡里。周新要将其逮捕治罪，但这个千户却伺机逃脱，并回去告诉纪纲这件事，于是纪纲便罗织了一些罪名来诬陷周新，而朱棣也不明就里地下令将他逮捕。由于前往逮人的都是锦衣卫里面的爪牙，所以周新还在半路就已经被打得体无完肤了。等到被带到皇帝面前讯问时，周新当着朱棣的面说："在内都察院，在外按察使司，这都是朝廷的执法官。我根据法律逮捕恶人，为何说我有罪？"朱棣听了之后更火大，立即下令将他斩首。而在临刑之前，周新依旧大声喊着："我生为直臣，死为直鬼，没有什么遗憾的！"虽然朱棣后来也觉得周新被冤杀，但一切为时已晚，逝去的人命终究无法挽回了。

周新因为得罪了锦衣卫指挥使纪纲而被随意罗织罪名，最后竟被处以斩首之刑

政府推行新养马政策

中央政府今年在北京推行一项新的养马政策，规定每户家中男丁在十五个以下的要养一匹马，十五个以上的养两匹马。如果是因为犯罪而被发配充军的，只要七户养一匹马便可以抵罪，恢复良民之身。而政府发言人也表示，如果此法试行很有成效的话，未来将推广到山东、河南等地实施。军事专家认为，这次政府推出的养马政策，预计将大幅地增加马匹的数量，对军事力量的强化将会有一定的帮助。但要注意的是，未来如果扩大实施的话，养马也会造成百姓极大的负担。

用 钱 换 命
以 钞 赎 罪

朱棣于不久前表示，近来有许多人因为连坐或是误犯而被判了死罪，虽然依法应当处死，但从情理上来讲又值得怜悯，于是下令相关单位拟出一套以钞赎罪的标准。在经过刑部、都察院、大理寺及户部的研究之后，建议除了重罪者还是必须依律处治之外，情节较轻的犯罪者将可以用罚款来抵罪。其中被判斩首的要用八千贯来赎，绞刑的要六千贯，流刑为三千贯，徒刑为二千贯，杖罪的赎钞则为一千贯，笞罪为五百贯。要是没有钱来赎罪，就送到天寿山去种树以折抵刑罚。

政府下令推行以钞赎罪的新制度

呵呵呵……
这方法实在太棒了！

……

台风疫病肆虐　浙江陷入恐慌

五月间，强烈台风肆虐浙江地区，狂风暴雨、河水泛滥，造成了大面积的严重水灾，溺死的百姓不计其数，田产房屋也几乎全都浸没在一片汪洋之中。但衰事并没有就此结束，到了六月，乌程、归安、德清等三县又暴发传染病，死了一万多人。一个月后，疫情扩散到附近五县，又有九千多人丧命。

马哈木拥兵集结　永乐帝将再亲征

　　由于朱棣接受了鞑靼大臣阿鲁台的进贡，并将其册封为和宁王，使得瓦剌部首脑马哈木怀恨在心。于是马哈木便扣留了大明使臣，还以之前甘肃、宁夏等地归附的鞑靼人大多是他的亲信为由，要求明廷归还这批人。马哈木的这些动作，当然惹恼了朱棣，他派太监海童前往切责。今年冬天，马哈木在饮马河拥兵集结，准备寇边，并扬言要对阿鲁台发动攻击。阿鲁台得到消息之后，赶紧向明廷报告此事，而朱棣也开始调动部署，准备再一次领军亲征。

　　十一月时，郑和第四度奉命率领着四十艘海船，带着二万七千人执行下西洋的外交宣威任务。这次船队先航行至占城，并奉皇帝诏命赐占城王代表身份的冠带。到了苏门答腊时，还逮捕了窃国篡位的苏干剌，并把他押解上船，准备随着舰队回国时再送京伏诛。依照船队规划的航线，接下来将首度绕过阿拉伯半岛，然后朝东非前进。

张辅首次面对可怕的象阵便找出破敌之法，大获全胜

嘎
嘎

先射象奴，再射象鼻！

张辅大破象阵　叛军弃械投降

　　南征的张辅大军在与沐晟会师之后，继续与交趾叛军进行激烈的战斗。叛军这次摆出了象阵横列在士兵面前，没见过这种庞然大物的明军都快被吓傻了。幸好张辅够沉着冷静，很快便稳定了军心，他要求士兵第一箭先射落象奴，然后第二箭再对准象鼻射去。在冲锋中的大象真的就因此而回头狂奔，狂乱地践踏自己的部队。而明军也乘势进兵追击，一时间矢落如雨，此役的叛军最后全数弃械投降。

张辅深入丛林奇袭　陈季扩兵败被擒

由张辅率领的南征大军在蛮荒丛林中继续前进，而交趾叛军的残存部队则是在地势险恶之处立栅结营，由于此地对外的通道不但狭窄而且还紧邻悬崖，骑兵无法轻易通行，所以叛军便料定了张辅大军没有办法发动进攻。没想到张辅率领着部将及精锐部队，在深山老林之间以徒步的方式前进，并在深夜时分抵达敌军营寨，然后出其不意地发动突袭战，敌军全数崩解，连统帅也遭到生擒，只有陈季扩乘乱只身败走老挝。张辅命部将前往追击，在连破三寨之后，终于将陈季扩活捉，并与其家人一同解送京师。至此，交趾全境平定，张辅在该地增设四州并增设军事基地，又留下部分军队镇守当地，然后班师而归。

皇帝亲率铁骑冲击　明军漠北大获全胜

朱棣在调集了近五十万大军之后，便亲自领兵出关向瓦剌进发。明军前锋先在三峡口遭遇一支敌军并将之击退，随后终于逮住了敌军主力。瓦剌部首脑马哈木纠集了三个部落的力量正面迎战明军，朱棣则是指挥若定，先让三支部队与敌军正面对决，自己再亲率铁骑当作奇兵，去冲击敌阵最薄弱的地方。结果明军大获全胜，不但斩杀了十几个王子，还送了数千个人进地府去见阎王。虽然最后仍然被马哈木逃走，但军事评论家认为，鞑靼力量经此重创，应该有一段时间没有办法再兴兵犯边了。

鞑靼势力受到明军重挫，在短时间之内已无能力犯边

马哈木臣服进贡

稍早前逃脱的马哈木，在战败之后发现自己无法再与大明对抗，于是用很谦卑恭敬的态度遣使向明廷谢罪，并交还先前扣押的使臣，还进贡良马以表示诚意。朱棣表示不值得与他计较，便收下了贡马，还把使者安排到馆驿中招待，双方的纷争也到此告一段落。

解缙遭活埋冻死

不久前，锦衣卫指挥使纪纲提报了还关押在诏狱中的囚徒名单，结果朱棣一见到名册上还写着解缙的名字，便随口说："解缙怎么还在啊？"于是纪纲在退下之后，马上用酒灌醉解缙，然后把他拖到积雪中埋起来，就这样结束了他的性命。在解缙死后，他家中的财产被政府查封没收，妻子、儿女及所有宗族全部流放到辽东，结局非常凄惨。

瑞兽朝贡 麒麟现身

第四度下西洋的郑和船队，在抵达东非的麻林地之后返航，并于今年七月回到国内，再次顺利完成了宣威海外的任务。而麻林地也特地派遣使者前来中国朝贡，并献上了一只瑞兽。这只瑞兽身长五米，体重将近九百公斤，头上有角，脚上有蹄，鹿身牛尾，体型巨大却食草而不杀生，种种的特征都与传说中瑞兽"麒麟"一致，所以朝中官员都争相拍马屁，说这象征着永乐朝的祥瑞与太平盛世。

麒麟？不不不……

我叫长颈鹿啦！

麒麟

30

朱高煦自比为唐太宗李世民，完全不把皇太子朱高炽放在眼里

汉王改封山东　朱高煦自比李世民

汉王朱高煦一直觉得自己的封地在云南太偏远，不愿就藩，便在随同朱棣巡视北京的时候，极力请求让他可以继续待在京师。由于之前朱棣刚好听了一些谗言而对太子朱高炽心生不满，心里也比较偏袒朱高煦，所以不但答应了他这个请求，还同意把"天策卫"赐给他作为护卫军。于是朱高煦便自比为曾经担任过"天策上将"的唐太宗李世民，行为举止也越来越嚣张，根本不把太子朱高炽放在眼里。而朱高煦迟迟不肯前往封地云南也说不过去，朱棣为了解决这个问题，在日前将他改封到比较近的青州去，但朱高煦还是一再拖延不起程。据可靠消息，最近朱棣自己好像也发现太子被人诬陷了，所以态度逐渐转变，甚至已经开始怀疑朱高煦是不是有谋反的企图才久留京师的。未来太子与汉王之间的斗争会有什么变化，记者将继续追踪报道。

年度热搜榜

[明·永乐十四年] 公元一四一六年

害人无数　锦衣卫指挥使纪纲伏法

善于罗织罪名陷人于罪的锦衣卫指挥使纪纲，之前极得朱棣的信任，典掌诏狱，他迫害了不少朝中良臣。但在日前，现世报终于到来，纪纲因为玩法弄权、私养亡命之徒、收受贿赂，还在家中打造数以万计的刀甲弓弩图谋不轨，而被举报并磔于市（在市曹上凌迟分尸），家族中人一律流放边远之地充军。这个消息传出之后，所有政论节目不分党派立场，全都为朝廷铲除此一人渣而拍手叫好。

还是北方好　政府决意迁都北京

由于朱棣由北京发迹，深知北京在全国地理、军事及政治上的重要性，在要求各部门商议细则之后，他已于日前正式宣布将迁都北京，并开始进行相关的扩建工程。未来，除了扩建皇城之外，也将加强北京城的防御设施。

汉王骄纵杀人差点被废　太子流泪求情就藩山东

在之前朱棣巡视北京的时候，汉王朱高煦乘机在京师私选各卫勇士，又募兵三千人，还

还有谁要来试试？

朱高煦任意杀死执法官员的行为，连父亲也看不下去

放纵他属下的军士在京城劫掠伤人。负责京城保安的军官徐野驴把这些行径嚣张的兵士逮捕治罪，却反而被朱高煦手持铁瓜锤当场击毙。等到今年十月朱棣返回京师，查明种种不法事情之后，不但严斥朱高煦，还下令夺去其冠服，囚禁在西华门内，打算把他废为庶人。后来幸得太子朱高炽在父亲面前流泪求情，才仅削去其两支护卫军，诛其左右心腹，并把他所募得的兵士全数调往居庸关北驻守。又下令朱高煦立即动身前往封地山东就藩，不许他再久留京师。

年度热搜榜

■ 谷王朱橞密谋武装叛乱 废为庶人部属全数诛死

皇室日前发布新闻稿，证实了谷王朱橞因谋反罪而被废为庶人的消息。据了解，朱橞仗着当日打开金川门迎燕师入京之功，近年的行径日益骄横放肆，不但侵吞官税，还滥杀无罪之人。王府长史（中级官员）虞廷纲为此多次提出劝谏，但最后竟被诬蔑为诽谤，遭处死。之后朱橞更是私下招募亡命之士，打造弓弩战船，每日练兵排阵，想待时机成熟，发动武装叛变。他的护卫都督佥事张兴害怕灾祸牵连，便趁着入京时向朱棣密告此事。朱棣第一时间并没有采信。刚好这时蜀王朱椿（朱棣十一弟）的儿子朱悦燋因犯了罪逃到朱橞这里，所以朱橞便向众人假称当初是自己打开金川门放出了朱允炆，如今朱允炆本人就在王府中，他要为其伸张大义，同时也写信要求朱椿一同入伙。朱椿一方面回信对其严加斥责，一方面向朱棣奏告此事。于是朱棣下令要朱橞立即让朱椿的儿子回去，并召他入朝，然后当场把蜀王的奏章拿给他看。朱橞见事证确凿，也只好伏在地上请罪。虽然官员及诸王都建议把朱橞处死，但最后朱棣还是基于兄弟之情给他留了条活路，只将他及儿子废为庶人。而谷王的官属除了当初密告的张兴之外，其余的几乎都难逃一死。

自恃当年开金川门之功的谷王朱橞日益骄横，竟然还阴谋发动武装叛变，被察觉后废为庶人

大声秀才
升任顺天府尹

曾被朱棣称为"大声秀才"的陈谔，不久前正式出任顺天府尹（地方行政长官）。据资料显示，陈谔行事刚强果敢，不畏权贵，但在奏事时却总是声如洪钟，连皇帝听了也觉得分贝太高而受不了。有一次朱棣还命令饿他几天，看他说话会不会变得小声一点，结果是人虽然饿瘦了，但声音却依旧洪亮。陈谔还曾经因为奏事不得皇帝欢心，而在奉天门外被挖洞深埋，只能露出头来，但他竟然坚持了七天没有死，于是朱棣也只好将其官复原职。不久之后，他又再度因为与皇帝意见不合，而被罚去修理象房。通常大臣被罚这种苦差，都是可以花钱雇工去做的。但陈谔为官清廉，家中甚为贫穷，根本出不起钱请人代工，便亲自服役。正巧有一天朱棣经过此处，觉得这个杂工怎么看起来如此面熟，把他叫来询问，结果才发现是这么一回事。朱棣觉得他为人刚正清廉，遭遇值得同情，便又下令让他官复原职，并开始加以重用，将顺天府尹的重责大任交到他的手中。

被朱棣称为大声秀才的陈谔因为行事刚正清廉，被拔擢为顺天府尹

黎利自称平定王 交趾再度燃暴动

在张辅大军撤出交趾之后，原是陈季扩旧属的土官巡检（中级军官）黎利因不满自己归降后的职位过低，便自称为"平定王"，发动了武装叛变。而其他许多当地的士官，也因不满大明官僚的苛政及虐待而相继起事。虽然政府立即以优势兵力强行压制，而且暂时稳住了局势，但如野火般四处燃起的暴动，已经让明军东征西讨，疲于奔命了。

倭寇进犯浙江 官员跳墙丢城

时常侵扰沿海地区的倭寇，不久前又进犯浙江。奉命巡按松门卫的浙江提刑按察使司佥事（中级官员）石鲁，当时竟然因为酒醉而未及设防，等到倭寇打到城下时，他便仓皇跳墙而逃，致使城池被攻陷。朱棣闻讯，除了责令邻近部队收复松门卫之外，也下令逮捕并处死石鲁，以追究丢失城池之责。

谗言又起 太子抑郁

之前朱棣前往北京巡视的时候，汉王朱高煦、赵王朱高燧暗中与部分官员密谋夺嫡，乘机向朱棣进谗言，说太子朱高炽擅自赦免罪人、收拢人心，并背着皇帝做了很多不道德的事。朱棣于是密令礼部左侍郎（高级官员）胡濙在赴江浙诸郡巡视之前，多在京师停留数日，以查访太子的德行并回报。后来在胡濙回报说朱高炽所行诚敬孝谨之后，朱棣才终于消除了对他的疑虑。

朱高煦及朱高燧不断勾结官员在老爸面前说太子的坏话

35

年度热搜榜

【明·永乐十七年】公元一四一九年

福建疫情严重　十多万人死亡

由于近十年来福建地区多次暴发传染病，光是建宁、邵武、延平三府，因疫病死亡的人数就高达十七万四千多人。这些变动的户口经过御史（监察官）的核实之后，已经报准中央从徭役及军役名单中予以剔除。

辽东地区抗倭有成　千余匪贼全遭歼灭

沿海地区屡遭倭寇侵扰，是大明政府已经头痛了十几年的问题，不但东南沿海的百姓常被劫掠，连辽东地区也屡屡有倭寇登陆杀人夺财的事件发生。之前曾因御倭不力而差点被军法处死的辽东总兵（军事指挥官）刘江，这次便特别提高警觉，以期能戴罪立功。于是他巡视防区，选定了一处倭寇若要上岸就一定会经过的滨海咽喉之地，然后奏准于此修筑城堡、设置烽火台，并将部队进驻此地严阵以待。果然不久后，哨兵便回报说倭寇来犯。刘江预先在山下设一支伏兵，另外派部队潜近倭船，放火焚烧以断其退路，然后自己领兵与倭寇正面对战。一开始刘江先假装败退，在将倭寇引入之后，伏兵尽出、炮声隆隆，把倭寇吓得都躲进空碉堡里面去了。之后刘江又故意在西面露出破绽，战线露出一个开口，等到倭寇都进了圈套时，再派兵分两翼夹击，将倭寇全数歼灭。总计斩首级一千多颗，又活捉了数百人，没让倭寇逃脱一个人。朱棣一得到捷报，便立刻把他召来京师准备进行封赏。不过，这位抗倭英雄入京之后才坦承他冒用父亲刘江的名字，因为刘江在朱棣起兵之时曾经担任过先锋。而朱棣并没有因此怪罪于他，照样在他改回本名刘荣之后，敕封他为广宁伯。

我叫刘江，不，是我爸叫刘江，我是刘荣，后来我又借用我爸的名字，所以又不是刘荣，但我……

忍住——

你到底叫什么名字？

年度热搜榜

■ 佛母唐赛儿发动起义 数万比丘尼遭到逮捕

自称为"佛母"的唐赛儿利用虚幻的法术鼓动乡民，在山东发动了武装起义。一开始前往征讨的青州卫官军因为受到夜袭而惨败，连指挥官也当场阵亡，这更加助长了义军的声势。随后中央政府又调来更多的部队加以镇压，费尽了力气才将起义给平定下来，只不过唐赛儿早已趁乱脱逃，不知去向。之后朱棣还怀疑唐赛儿是剃发伪装成尼姑，便下令将山东及北京的尼姑全数逮捕，一一严格审问。在问不出个究竟之后，又下令逮捕全国出家的好几万名妇女，引起极大的恐慌。

东厂成立 太监提督 宦官势力高涨 将成乱政之源

朱棣自即位以来，因为害怕官员及百姓以他继统缺乏合法性为由，起来反对新政权，于是命令亲信的太监及锦衣卫官校，四处查探臣民隐私并向他奏报。在今年八月，正式宣布迁都北京之后，朱棣随即设立了"东厂"，以专门刺探臣民谋逆妖言以及大奸大恶之事。但他又担心官员们容易徇私，便派任亲信太监来提督东厂。由于提督东厂的太监被授予了随意逮捕及刑讯的特权，所以为了达到制衡的效果，由锦衣卫的官校来充任东厂的属员，让东厂与锦衣卫相互监视、彼此制约，共同向皇帝负责。分析人员认为，东厂的设立，将使得宦官从此以后地位及权势高涨，成为乱政之源，整个国家也将陷入恐怖状态。

太监提督东厂，将使得宦官势力高涨，政治从此黑暗

北京落成　明年迁都

在永乐十四年（一四一六年）朱棣决定迁都之后，经过四年的建设，北京城的宫殿及郊庙等终于在今年落成。中央政府已于日前公开宣布，自明年元日开始，正式以北京作为京师，取消"行在"（天子行銮驻跸的所在）的称谓，皇帝还派户部尚书奉命召皇太子及皇太孙于十二月底前往北京。原来的京师则改称为南京，南京各部印信直接转交京师诸衙门，然后另铸加有"南京"二字的印信给南京诸部使用。

【专题报道】北京城

北京城的建设从永乐五年（一四〇七年）便开始动工，以元朝大都宫殿为基础，依照南京宫殿的格局规划建造。这座集合了全国最优秀的工匠大师，先后动员了三十多万人所兴建的都城，终于在今年年底落成。官方公布的资料显示，北京城南北长九百六十米，东西宽七百五十米，周长总计三千四百二十米。周围筑有十几米高的城墙，城墙的外面环绕着宽度为五十二米的护城河。总占地面积达七十二万平方米，共建有九千多间房屋，建筑物本身的面积则为十五万平方米。城开四门，分别是东边的东华门，南边的午门，北边的玄武门，以及西边的西华门。建筑群对称分布，并分为皇帝举行各种典礼仪式的"外朝"，以及处理日常政务和居住的"内廷"两大部分。外朝以奉天殿、华盖殿、谨身殿为中心，文华殿及武英殿为两翼。其中奉天殿为皇权的象征，皇帝的即位、大婚、册立皇后、命将出征等重大典礼都在此举行。华盖殿则是皇帝举行典礼之前休息的场所，谨身殿则是皇帝赐宴和举行科举殿试的地方。内廷以乾清宫、交泰殿、坤宁宫为建筑的主体。东西六宫及东西五所，则分布于内廷的两侧。另外，在坤宁宫北边的，则是占地将近一万二千平方米的宫后苑，其中有二十余处园林建筑，园内布局优雅，清幽而宁静。

太子偶见饥民　下令加码赈济

朱高炽在由南京前往北京途中，经过邹县时见到饥民们持筐捡拾草籽为食，便下马深入民舍中查看。只见饥民们在寒天里只有单薄的破衣可穿，家中因为没有东西可以煮食，连灶都已经颓圮废朽了。于是他召山东布政使石执中前来痛责，并当场指示不但要停收灾区今年的税赋，还要立即给予赈济。原本石执中建议每人发给三斗粮食，但朱高炽自动加码成每人六斗，说他敢打包票可以这么办理。在抵达北京之后，太子向朱棣报告这件事，朱棣也因他处置得宜而觉得十分高兴。

年度热搜榜

郑和护送十六国使臣　再启第六次出访任务

　　郑和参加完迁都北京的庆祝大典后不久，便又奉命护送前来出席盛会的十六国使臣返回，并同时对沿途经过的国家进行友好访问。此次预计将在阿丹国进行各色珍宝的采购，然后再航行至非洲折返。

北京城祝融肆虐　三大殿付之一炬

　　耗时多年才建造完成的新都北京城，竟然落成启用还不到四个月就发生了火灾，奉天、华盖、谨身三殿同时起火并付之一炬。这次的火灾对朱棣产生了极大的震撼，他生怕是自己什么地方得罪了上天，才会出现这样的警示。于是他便下诏要文武群臣直言不讳，如实指出他的施政缺失，还宣布免除部分地区拖欠的税款，并停止万寿节（皇帝诞辰）的庆典活动。虽然皇帝已经反复保证让官员们尽情陈述，户部主事（中级官员）萧仪还是因为上疏直指不该迁都，难逃被捕并死于狱中的命运。

阿鲁台犯边圣驾欲亲征　夏原吉规劝下狱又抄家

　　阿鲁台归附大明之后，经过这几年的休养生息，势力已经又强盛起来，于是便一改先前依附归顺的态度，开始拘留明使并侵扰边境，还围攻北方重镇兴和。朱棣决定要亲征阿鲁台，找来了诸位大臣商议此事。兵部尚书方宾表示军费缺乏，所以反对出兵。户部尚书夏原吉被问到边塞储粮还有多少时，当面直谏说因连年出师无功，军马储备已经丧失十之八九，加上天灾人祸不断，百姓都已经疲乏了，而且以圣体欠安为由，建议取消御驾亲征，只派将领前往征伐就可以了。又问刑部尚书吴中的意见，结果吴中回答的话，也跟方宾差不多。朱棣越听越生气，下令把夏原吉和吴中一起关起来；方宾虽然没有被捕，但却因为心生恐惧而上吊自尽了。而朱棣此时正想找理由杀害夏原吉等人，于是便叫来杨荣，向他询问夏、吴二人在平时的所作所为。不过还好杨荣极力替他们辩护，才让朱棣稍微消气，只派人查抄夏原吉家。但在一番搜索之后，除了皇帝所赐的钱钞之外，夏家就只有一些布衣瓦器了。

夏原吉

39

年度热搜榜

永乐帝亲领大军北征

之前围攻兴和的阿鲁台部队，终于在日前攻破此城，并杀死守将都指挥使王唤。不过此时，大明军团也在朱棣的亲自率领下，

抓不到！
啦啦啦！

阿鲁台避战闻风逃窜

征调了三十四万头驴、十七万辆车、二十几万名车夫，运载着三十七万石粮食，浩浩荡荡地往北进击。当明军前进到宣府东南的鸡鸣山时，鞑靼首领阿鲁台为了避免与明军主力硬碰，趁夜逃离。等到明军前进到阿鲁台的大本营，当然已经看不见敌人的踪迹，便将阿鲁台仓皇逃走时留下的大批牲畜全都收缴，终止了继续追击鞑靼部队的行动。但是，朱棣认为阿鲁台之所以敢兴兵作乱，一定是受了"兀良哈三卫"，即泰宁卫、朵颜卫、福余卫的暗中资助，下令在回军途中移师将其剪除。

广东传出台风灾情

今年初夏，广东地区又因强烈台风侵袭而发生严重水灾，不但造成一千二百多间房屋被淹没，损失了两万五千石粮食，还有三百六十余条人命就这样消亡于水中。灾情传至北京之后，由于朱棣正在大漠御驾亲征，所以监国的太子朱高炽命户部派人前往慰问，并进行后续的赈济行动。

惩戒暗助阿鲁台

今年七月中，明军兵分两路直朝"兀良哈三卫"而来，三卫的数万人马果真如同朱棣所预料的一样，一听到风声便向西逃窜。可惜他们动作不够快，被明军逮个正着，只好在仓促之中应战。朱棣亲率精锐骑兵直接冲入敌阵之中，砍下了数百颗敌军的首级。之后又指挥大军从三面夹击，将对方

回军痛击兀良哈

逼至早已设好伏兵的密林，在突然出现的箭雨攻势之下，三卫兵士溃不成军，只好全数投降。不过，也有军事评论家指出，朱棣这次出征漠北，固然对鞑靼部有一定的打击，但总体来讲成效其实不大，并没能彻底解决盘踞漠北的蒙古部落对边境的滋扰问题。

年度热搜榜

【明·永乐二十一年】公元一四二三年

赵王卷入近侍谋杀事件　太子求情高燧幸免于罚

> 你给我说清楚，这到底是怎么回事？
>
> ……
>
> ……
>
> ……

被卷入谋反事件的赵王朱高燧，在面对老爸质问时，吓得一句话也讲不出来

之前太子朱高炽监国时，对于部分仗势欺人的宦官多严加训斥，因此导致宦官黄俨、江保等人怀恨在心。这时刚好赵王朱高燧入朝觐见，黄俨等人便与赵王的随从孟贤、钦天监（国家天文台）官员王射成相互勾结，打算把朱高炽从太子之位给拉下来。王射成告诉众人说他观天象，发现近日内将有易主之变，于是孟贤又伙同许多党羽准备伪造遗诏并买通近侍，然后伺机毒死朱棣。等到皇帝驾崩之后，即刻命人从宫中偷出权杖符玺，立赵王朱高燧为天子。不过，同谋者中有人担心事败后会遭到灭族，便前去告发此事。朱棣闻讯，急令逮捕所有参与叛乱者，并怒气冲冲地质问朱高燧，朱高燧虽然没有参与此事，但也吓得一句话都答不出来。幸得太子朱高炽极力求情，说此事乃下人所为，最后才让朱高燧免于被罚。而主谋孟贤等人，则都难逃被诛杀的命运，死后所有的家产也都遭到政府查封没收。

你追我逃戏码重演　亲征再度无功折返

由于接获鞑靼首领阿鲁台再度侵扰边境的报告，朱棣决定再次亲征，务必彻底解决这个问题。不过，正当大军前进到沙城时，便有阿鲁台的部下率众来降，并告知阿鲁台不久前已被瓦剌部打败而溃散，如今又听到明军出塞，早已吓得逃逸无踪了。于是朱棣只好让大军无功而返，结束了这次的亲征行动。

年度热搜榜

三征阿鲁台　依旧不见影

由于大同、开平等地相继传回鞑靼部的领袖阿鲁台再度引兵进犯的消息，所以朱棣便立刻下令调集了山西、山东、河南、陕西、辽东五省之师，浩浩荡荡地再度亲征漠北。不过，当大军前进到隰宁的时候，阿鲁台便又像之前那样早就已经溜得不见人影了。朱棣令全军急速追击到答兰纳木儿河一带，但是在方圆数百里之内还是找不到阿鲁台的行踪，最后只好放弃这次任务，在耗费巨资却又没有任何成果的情况之下南返了。

明成祖病逝榆木川　朱高炽继位洪熙朝

大军在回程途中，朱棣因患病而感到身体不适，由于已经拖了一阵子病情依然没有起色，所以他知道自己的时日不多了。环顾身边的近侍及大臣，他忽然想起了之前劝他要保重身体，不要御驾亲征的夏原吉，便很感慨地说了一句："还是夏原吉真的关心我啊。"当车驾行至榆木川时，朱棣的病情更加严重了，他叫来英国公张辅承接遗命，把皇位传给皇太子朱高炽，并嘱咐所有的丧服礼制都要遵照太祖的遗制办理。七月十八日，这位任内五度亲自征漠北、六次遣使下西洋的一世英豪，便在六十五岁这年驾崩了。由于诸路大军都随行北伐，京师只留赵王朱高燧的护卫军留守，随驾的大学士（侍从官）杨荣、金幼孜等人顾虑赵府护卫闻讯后会发动政变，决定秘不发丧。于是便熔锡为棺，以装殓皇帝的尸体，并置于龙舆车驾之上，早晚仍旧照常进献食物。同时由杨荣跟宦官海寿持遗诏急奔京师。太子朱高炽在接到遗诏之后，立即派皇太孙朱瞻基前往迎丧，等到朱瞻基到军中时，才正式对外公布朱棣的死讯。朱高炽随后把夏原吉释放出来，并告诉他先皇驾崩的消息，夏原吉闻言哭倒在地，好久都没办法起来。但朱高炽还是请他商议丧礼事宜，并询问即位诏书的内容应该要注意些什么。一切都完成之后，朱高炽依成祖遗诏顺利继承帝位，定明年的年号为"洪熙"，大赦天下。

宽仁为政释官员
不计前嫌待兄弟

朱高炽（明仁宗）继位后，依照夏原吉的建议，下令赈济饥民、减省赋役，并停止下西洋的任务以及向云南、交趾地区采办物品等事项。随后恢复夏原吉的官职，又任用了杨荣、金幼孜、杨士奇、黄淮、杨溥等人为核心幕僚，授予政府要职并兼任大学士或学士。对于之前一直与他作对，甚至想阴谋夺嫡的汉王朱高煦，不但不计前嫌，反而给予更多优厚的待遇，在将其召到京师增加俸禄并赐以重赏之后，才让他回到自己的封地去。此外，还下令把解缙的妻儿亲族都从流放地释回，宽宥所有建文朝获罪大臣的家属，把分发为奴的全部释放，并归还其土地，恢复其平民的身份。

好想念和路飞一起在海上的日子啊……

沉思——

朱高炽继位之后，取消了耗资庞大的下西洋任务

政府剔除文官冗员

日前，朱高炽下达了一道淘汰文官冗员的命令，要求各部门首长、各道御史及提刑按察使司严格审查，将廉明贤才与贪刻庸鄙之徒区分出来，表现好的予以擢升奖励，表现差的或年老患疾者便加以罢黜。同时他也采纳吏部尚书蹇义的建议，规定文官凡是年满七十岁者便必须致仕（退休）还乡。一般认为，这次政府的瘦身行动，将可以提高行政效率及施政满意度。

阿鲁台主动臣服
北边境重归安定

近年来屡犯边境的鞑靼首领阿鲁台，在听闻朱棣驾崩、朱高炽继位的消息之后，便主动遣使并进贡马匹，以表示臣服之意。而朱高炽也大方地接受这批贡马，然后下诏宽宥其罪，不耗一兵一卒，就完成了之前朱棣数度动员大军却无法完成的事，让北疆又重新归于安定。

年度热搜榜

············ 郑和离海登陆　率军守备南京 ············

　　郑和于完成第六次下西洋的任务之后，因为整体政策改变，新的皇帝以经费不足为由，取消了以庞大船队宣扬国威的外交手段，所以他终于可以好好地待在国内，不必每年于海上漂泊。不过，新政府还是非常地倚重他，并未让他闲着，又把率领官军守备南京的重任交到他的手上。

洪熙开展新政　刑归正道 严禁自宫

　　朱高炽日前特别告谕司法单位，要求从今以后，刑部、都察院、大理寺等三法司官员在审案时，不可再揣摩圣意或是任意攀引条文以定人死罪。同时他也认为，在五刑之中，使人身首异处的"大辟"之刑已是罪罚的极点。今后若在审判时，皇帝又有在律法之外下令"凌迟"并籍没其家（登记所有家产，加以没收）的，相关单位一定要坚持法条再三执奏，三奏不允就至于五奏；如果皇帝还是硬要把犯人凌迟的话，那么法司就协同三公（太师、太傅、太保等荣誉虚衔官员）及大臣执奏，一直到准了为止。同时将此项规定当作永制，世世代代都要遵守。另外，也不许各单位于法律规定之外，私自动用鞭背等酷刑，尤其不许执行宫刑，绝人嗣续。而对于自宫者（自己割去生殖器官者），因为他认为这些人贪求自己的富贵而使祖宗绝嗣，不可能会有忠君之心，所以不但不予留用，还

要以不孝罪严加惩治。而对于洪武、永乐年间动不动就株连家族的做法，朱高炽也提出了修正，表示从今以后，除了犯谋反大罪者仍旧要依律连坐之外，其余的刑罚都仅止于犯罪者本人，不再牵连家属。

唯我不败

日出东方

既然现在自宫不能当太监，那我就只能修炼《葵花宝典》了……

政府对于宦官任用的资格做出了新的规定

政府再次迁都
北京定为行在

中央政府日前宣布了一项决定，把永乐十九年（一四二一年）才刚北迁的首都，再次从北京迁回南京，并把北京定为"行在"。据了解，朱高炽自从登基之时便有这样的想法，因为他在南京当过监国，对南京的状况非常熟悉。加上他对北征毫无兴趣，也不喜欢北京，而且官粮千里迢迢地运送到北京，也将对产粮的东南地区造成极为沉重的负担，所以就算南京最近又传出地震的消息，他还是命皇太子朱瞻基到南京去谒祭孝陵（明太祖朱元璋陵寝），并准备进行南迁事宜。

赈灾如救水火
皇帝速诏减税

当政府相关部门在加紧征收夏税的时候，朱高炽听闻了山东、江苏等地的百姓因天灾而缺乏食物的消息。那时他正坐在西角门，便直接叫来大学士杨士奇，要他草拟诏书，蠲免灾区今年的夏税以及秋粮的一半。他对杨士奇表示，救济穷苦的百姓，有如救人于水火之中一样，就怕在时间上来不及。要是交给相关部门讨论执行的话，一定又会因国家经费不足而犹豫不决，如此便又拖延了救灾的进度。于是朱高炽当场令人取来纸笔，让杨士奇就在门楼书写诏书，然后一看完便马上用玺，再直接交付相关单位执行。

新任皇帝打算再把京师从北京迁回南京

——李时勉上谏涉帝隐私 金瓜锤打断三根肋骨——

一向刚直且勇于言事的官员李时勉，不久前因为上疏议论国事，对朝廷施政提出了一些批评意见，被召到御前责骂。但是李时勉在答辩中竟然毫不退让，把一向脾气温和的朱高炽给惹火，气得叫武士用金瓜锤打他。在一阵狂殴之后，李时勉当场就被打断了三根肋骨，抬出去的时候几乎奄奄一息了。第二天，皇帝又下令把他外放为交趾道御史，还规定他每天都要查一个案子，并写好报告上呈。之后李时勉仍然忍痛又把奏章进呈了三次，结果就被关押到锦衣卫狱中。幸好这时前来视察监狱的一位锦衣卫千户之前曾受过李时勉的恩惠，于是便偷偷请来医生，还花了不少钱用海外进口的"血竭药"为他疗伤，他才得以不死。至于为什么这次朱高炽会发这么大的脾气，听说是因为李时勉规谏皇帝在服丧期间不宜接近女色，让当朝圣主觉得很没有面子，所以才会对他恨之入骨而下此重手。

称帝未周年驾崩
太子朱瞻基继位

在把李时勉打入诏狱后的第二天，朱高炽不知道是否因为盛怒而导致身体不适，他令杨士奇撰写诏书，命宦官海寿驰赴南京召皇太子朱瞻基回"行在"。再隔天，也就是五月十三日，朱高炽在颁布遗诏传位给皇太子之后，便因身体过度肥胖引发的心肌梗死病故，享年仅四十八岁。刚拜谒完孝陵的朱瞻基，一听到噩耗便于当天起程上路。虽然这时有传言说汉王朱高煦将趁此机会在

半路伏击夺位，也有大臣建议应整兵护卫或是改走小路，但朱瞻基还是坚持从驿站官道直接奔驰回京。到了六月初三，朱瞻基赶到良乡时，内官监太监杨英、户部尚书夏原吉前来宣读遗诏，等到皇太子入宫之后，才正式发丧。六月十二日，朱瞻基正式即皇帝之位，以明年为"宣德"元年，并实施全国大赦。

年度热搜榜

官员失误频催税　皇帝下诏全免除

朱瞻基即位之后，便正式宣布要赦宥所有先前因为逃离乡土，导致田地荒废而积欠税粮的民众，把他们所欠的税款全都一笔勾销。在这个消息公布之后，许多当初生活无以为继，被迫背井离乡的百姓，都因为可以重回故里而欢呼雀跃。不过，也不是所有人都能得到这份福利，御史张政就发现，在山西一带，有不少百姓在高兴之余，竟然又重归失落愁楚。在深入追查原因之后，才知道当初民众逃离乡土时，地方官员为了怕被上级降罪，并未即时向户部提出申报，所以现在得到可以不用缴交欠税的命令后，反而因没有资料而无从蠲免，必须继续如实缴纳所有欠额。张政认为如此一来，将把这些已经想要回乡好好耕田纳税的流民，再一次逼上

朱瞻基

绝路，恐怕会引起另一波大规模的逃亡潮。朱瞻基在闻知此事之后，降谕给户部尚书夏原吉，表示政府如果要再向这些人征收从前的欠税，那么就等于失信于民。所以他要户部传达所有下属单位，将这类积欠的税款一律免除。

黎利安南起兵　王通南征交趾

交趾虽然早已划入大明版图，但由于派驻该地的官员大多横征暴敛，加上当地民众仍然把政府当成外来者一般仇视着，所以一直有武装反抗的事件传出。不久前，以黎利为首的叛军部队，便在茶笼一带主动对政府军发动攻击。动乱发生之后，因为各地守军拥兵不救，致使叛军的气焰越来越嚣张，并

接连夺下了许多明军的重要据点。朱瞻基一得到消息，便立刻下令以王通为征夷将军，兵部尚书陈洽参赞军务，率领军团南下征讨黎利。不过，军事评论家指出，担任南征统帅的王通本人并没有建立过任何战功，完全是承袭父荫才得以居于高位。如今将此重责大任交托给他，这样的用人调度，未免有点过于冒险。

湖广民役过重　皇帝同意取消

之前中央政府要求湖广的民众必须出丁运粮，以及接受从军讨伐之征调，近来遭逢旱灾，使得当地百姓的负担沉重，生活日益艰难。而就在这个时候，工部竟然又下令，要湖广地区采办七万株杉松大材。地方官府和人民都已因为这股巨大的压力而感到吃不消，御史刘鼎贯便奏请取消这项劳役。朱瞻基看完奏本，也同意依此议进行，但工部尚书考虑到工程所需，为了确保原料供应无虞，而建议是否可以只减半采办，不要全部取消。不过，朱瞻基在考量之后，还是维持原先的决定而没有采纳工部之建议。

割肝煮汤救母　中央驳回旌表

日前，礼部呈上一份奏章，说锦衣卫总旗（低级官员）卫整之女，在母亲患病的时候，为了帮她补充营养，割下自己一部分的肝来煮汤，而母亲也在喝了汤之后痊愈了，所以请求旌表这个孝女。不过，朱瞻基在看完奏疏之后表示："身体发肤，受之父母，不能毁伤，剖腹割肝这种残忍血腥的行为，怎么可以说是一种孝行？这次人还活着也就算了，万一伤害了生命，只怕要罪加一等。况且太祖（朱元璋）也曾下过这项禁令，如果现在旌表的话，岂不是严重败坏风俗！"最后这个女孩因为无知而没有被加罪，但所请之事不准，并敕令礼部将此载入律令之中。

48

密谋造反却被举发　汉王索性展示武力

　　早有夺位之意的汉王朱高煦，终于在不久前采取了实际行动。他先与山东都指挥使靳荣约好共同武装起事，并备妥所需的弓刀旗帜，还把相邻郡县的马匹牲畜都给夺了过去。又在自己建立的政府体制内，任命了一些与他共图大业的人为官，共同密谋先夺取济南，然后再拿下北京。但这些计划早在他派亲信到"行在"去约英国公张辅为内应时，就被张辅举发了。不过，目前朱瞻基似乎并没有兴兵讨伐的打算，只是派宦官侯泰带着书信前去劝谕，希望汉王能够回心转意。而朱高煦在接见侯泰时口出狂言，表示这江山都是他当年随着父亲打下来的，接着还展示兵马军械，声称将凭着这些武力横行全国。还要侯泰回去报告主子，立刻逮捕夏原吉等奸臣，然后才有资格来跟他谈。看来汉王对于这场战争已经胸有成竹，打算模仿朱棣也来"靖难"一下了。

宫内设置内书堂　宦官开始学读书

　　原本在洪武年间，朱元璋为了避免出现宦官干政的乱象，曾严令禁止宦官读书认字。但是从朱棣开始，便逐渐地打破了这项规定，开始让教师进入内宫，教一些天资聪慧的小宦官读书，以提升他们的文化素养，使他们在皇帝身边当差时更好履行职责。不久前，朱瞻基又在宫内设立了"内书堂"，挑选了二三百名十岁上下的小宦官在此学习，并让学问渊博的翰林担任他们的专任教师。

汉王朱高煦没有料到年轻的朱瞻基居然会御驾亲征，气势便一下子受到压制而投降了

皇帝 御驾亲征山东　汉王 投降废为庶人

朱瞻基见汉王朱高煦反意已决，在大学士杨荣的建议之下，决定在叛军势力尚未坐大之前便御驾亲征。朱高煦原本已经与山东都指挥使靳荣约好，想要先夺下济南作为根据地，但他们的计谋却被山东布政使及提刑按察使发觉，且对靳荣多加防范，因而他们的阴谋未能得逞。之后朱高煦又计划领兵袭取南京，但因部将的家人多在乐安，所以也未能得到属下的支持。一开始他以为朱瞻基年纪轻、胆子小，必定只会派遣将领前来交战，所以还自信满满地觉得可以轻易对付。但没想到皇帝居然御驾亲征，这招打得他惊慌失措。在政府军将乐安城团团围住之后，朱瞻基还是先试着再次用书信晓谕汉王，但是并没有得到任何答复，于是便把敕书绑在箭上射入城中，改用分析祸福的道理来策反逆党。结果使得城中有很多人都想捉拿朱高煦前去进献，也逼得朱高煦走投无路而答应投降。最后就在兵不血刃的情况下，朱瞻基顺利地平息了这场叛变。事后朱高煦也被废为庶人，关在西安门内的逍遥楼，实际参与叛变的人中，有六百四十多人被斩首，其余的则被发往边境戍军。

鬼门关前绕一圈　李时勉官复原职──

日前，朱瞻基听人说父亲朱高炽在临死之前满腔怒火，还念念不忘李时勉曾在朝堂上污辱自己的事。这使得朱瞻基十分生气，立刻下令将李时勉从牢中绑来，一定要在亲自审讯之后杀掉他。过了片刻，他越想越气，便再度传令说直接把他绑赴西市处决。不过，刚好因为前后两位使者行走的路径不同，所以第二个索命使者并没有找到李时勉，使他幸运地逃过一劫。当朱瞻基远远地看到李时勉被绑进来时，便破口大骂说："你这小臣居然敢触犯先帝！你究竟在奏章里写了哪些忤逆的话？快说！"李时勉在叩头之后说："我建议先皇在居丧期间不应该接近妃嫔，皇太子不应该远离左右……"原

本不知道当初奏文内容的朱瞻基在听到这些话之后，怒气便消了一半，而李时勉也接着徐徐道出奏疏中其他六件事才停住不言。朱瞻基命他把所有内容都说出来，但李时勉却回答说他因为心中恐惧，已经没有办法记得全部内容了。朱瞻基连忙问他当初的草稿在哪里，李时勉回答说已经烧掉了。这时，朱瞻基才知道他为了不让先帝的丑事外流，才会在上疏之后便烧掉草稿，便感叹地称赞李时勉是个忠臣，并立即赦免他一切罪状，将他官复原职。而当第二个要去把李时勉绑赴西市处决的使者因找不到人而回来复命时，李时勉已经穿戴整齐站在阶前随侍了。

由于前后两位使者走的路径不同，李时勉意外地捡回一命

嘿嘿嘿……

动弹不得

急于建功的王通让全军陷入泥淖之中，遭到黎利部队的无情屠杀

王通急功人马陷泥淖　尚书陈洽奋战自刎死

　　率领军团南征的征夷将军王通在抵达交趾的时候，刚好碰到大明官军在前一役中击退了黎利的部队，于是下令所有人马继续追击，想要就此一举歼灭敌军。但随行的诸位将领并不认同这样的决定，他们强烈建议说此地地势险恶，恐怕会有埋伏，应该先暂时驻营侦察，以免落入敌人的陷阱。王通急着建功，并没有听从众人的建议，仍然坚持全军渡河追击，结果导致大批人马陷入泥淖之中，行动迟缓无法列队。果然伏兵四起，开始对明军展开无情的攻击。而在两三万军士惨遭屠杀的同时，统帅王通在肋部中箭之后落荒而逃。奉命参赞军务的兵部尚书陈洽见到敌军来袭，则奋勇跃马冲入敌阵拼杀，但最后终因孤掌难鸣而伤重坠马。在陈洽落马后，左右兵士想把他救出来，他却大声呵斥说："我是国之大臣，食国家俸禄四十年，报效国家就在今日，哪有苟且偷生之理。"于是又挥刀砍死数名敌军，然后自刎身亡。而黎利的部队也乘势进军，包围了东关。

诸臣议取赵王　皇上刻意保全

在平定了汉王朱高煦的叛乱之后，大臣们建议应当直接移师彰德，一并擒拿向来就有谋逆嫌疑的赵王朱高燧，免得日后还得再劳师动众一次。而大学士杨士奇则认为，并没有真凭实据可以证明赵王要谋反，不应当贸然加兵。虽然当时只有杨溥赞同杨士奇的意见，但最后朱瞻基不仅没有批准对赵王动兵的计划，连在审讯朱高煦同谋者时，牵扯到朱高燧的，也下令不必追究。后来，越来越多的官员对赵王提出议论，主张应该削减他的护卫人数，或是将他逮捕下狱。但朱瞻基依然不忍对亲叔叔动手，于是便将群臣的章奏移交给赵王看，让他自个儿去想解决的方法。原本一直以为自己必定难逃一死的朱高燧，到这时才知道皇帝的真正意向是要保全他，赶紧上疏谢恩，并表示将于明年献出所有护卫。

交趾兵败　中央调军增援

据战地记者回报，征夷将军王通吃了败仗之后，心胆俱丧，就暗中答应黎利要为他乞求封爵，并说要将清化、迤南等地割让给对方，然后把官吏军民都撤回，以作为和谈的条件。但是清化知州（地方行政长官）罗通拒绝服从这项命令，认为未向朝廷奏报就丢弃土地是出卖城池的行为，于是便领兵继续坚守，黎利的部队最后也因无法攻取而撤走。而朱瞻基在得知王通战败的消息之后，十分震惊，已经命柳升、沐晟等将领分头率军由广西及云南前往接应。

年度热搜榜

明军大胜未追击
黎利惨败又站起

叛军领袖黎利挟着连战皆捷之兵威进军交趾城，但没想到这次明军的表现却异常英勇，一口气砍下了敌军数以万计的首级。黎利因此惊惧丧胆，带着已经溃散的残部没命奔逃。此时诸将纷纷向王通建议，应当趁着敌军溃败时乘胜追击，一举擒下黎利以绝后患。但打了胜仗的王通却因为之前惨败的经历而惧敌不前，并没有下达任何追击的命令。这样一来，连黎利也猜到王通胆怯，便又重新聚集残兵，挖壕立寨、修补军械，没多久力量又逐渐恢复。

打胜仗的王通因惧敌不敢追击而丧失了消灭敌军的大好时机

大象攻城　明军不敌

看到明军统帅胆怯而卷土重来的黎利，再度聚集了八万兵马，外加所向无敌的象阵，还有许多飞车、冲梯等攻城器械，对昌江发起猛烈的攻击。昌江守将李任及顾福等人据城力守，在经过九个多月顽强的抵抗之后，原本城中二千余兵力，也因死伤疾病只剩下一半可用的。最后黎利又以云梯攻城，并抢占了城门，但李任、顾福仍旧亲率敢死队三战三胜，暂时守住了城池。不过，当黎利推出终极武器，用狂暴象阵来攻城的时候，两人便因力尽而自刎身亡，城破之时，军民百姓宁死不屈者多达数千人。与此同时，一样被包围了九个多月的琼江也遭敌军攻陷，知府（地方行政长官）刘子辅在城池陷落之后，也选择与妻小一同上吊自尽。

招来巫师作法谋叛
晋王事发废为庶人

明政府于日前发布命令，将晋王朱济熿依谋逆罪废为庶人。据了解，朱济熿在朱瞻基继位之后，一直与汉王朱高煦暗中勾结，企图颠覆朝廷，图谋不轨。还在王府中招来许多巫师作法，不停地诅咒当今皇帝。虽然朱高煦失败后，被查出许多两人暗中交往的信件，而朱瞻基曾表示不予追究。但后来因为朱济熿派往汉王府联络的人怕罪及己身，而前往"行在"告发实情。加上又有人检举朱济熿擅取屯粮十万石，打算在朱高煦起事时策应他，在查证属实之后，朱瞻基便传旨将其废为庶人，关押在凤阳，并处死所有与晋王同谋的部属及巫师。

黎利王通私议停战

黎利攻下昌江、谅江之后，便集中兵力对交州发动攻击。南征军统帅王通因为过于惧怕而闭城不出，就在他正苦思要如何解套的时候，黎利也刚好派人前来请和，并表示可以有条件地上表谢罪。王通估计由柳升率领的援军虽然已经出发，但势必因道路艰难而无法及时赶到，于是便打算答应黎利所提出的停战之议。他找来众人讨论此事，在场的部属不是表示赞成，就是没有意见，只有交趾提刑按察使杨时习反对。王通当场脸色大变，在厉声呵斥之后，才终于没有了异议。接着王通与黎利达成协议，并指导黎利去找出一个人来假装成陈氏的后人，再请求朝廷将此人封为交趾王，赐予清化等州作为封土。等到一切都准备妥当了，王通便派人与黎利的使节一起入京进表及贡奉。

柳升冒进遇伏　援军伤亡惨重

率领三万兵马南下救援的柳升，在抵达边隘关口的时候，便收到了黎利请求停战的书信。柳升为了避嫌，并没有启封，而是直接派人拿着信向朝廷报告。之后大军继续挺进，并接连攻破了好几处障碍，把黎利的部队打得节节败退。就在逼近倒马坡时，众人不断提醒这可能是叛军的诱敌之计，但柳升因为屡次战胜而轻敌，还是满不在乎地带着一百余名骑兵向前奔驰。谁知他一过桥，整座桥梁便在瞬间塌毁，使得后面的主力部队无法跟进。这时伏兵四起，进退失据的柳升被镖刺中身亡，跟着他过桥的部队也全数遇难。失去了主帅的明军，接下来遇到的又是令人胆战心惊的象阵，许多兵士也都在此役中力战而死。在柳升失败之后，由沐晟所率领的另一路援军，来到水尾便因无法继续前进，而引兵返回了。

黎利请降　大明保住颜面
安南封王　尽撤军民回国

对于连年征讨交趾又没有成果，朱瞻基其实早就感到有些不耐烦，他在收到黎利请降的书信之后，便召集群臣商议此事。张辅、蹇义、夏原吉都表示反对，但杨士奇及杨荣因为知道皇帝厌战，所以力陈应就此休兵，还百姓以安宁。最后决议接受黎利的请降，派使者带着诏书前往抚谕安南人民，并赦去黎利一切罪责，扶立陈氏后人为王。同时召回南征军及派驻该地的官吏，尽撤军民北还。据资料统计，自从永乐年间南征交趾，二十余年来，前后用兵数十次，光是粮饷便花去一百多万两白银，而这些费用还不包括转运输送的支出。这次虽然撤出了官吏军民共八万六千多人，但之前因战争被捕获拘留及被杀的人则已经不计其数了。大明讨伐安南的行动，最后在表面上是以黎利请降收场，实际上是完全失败的。

安南行动表面上风光收场，但实际上却完全失败

56

年度热搜榜

夜半故布疑阵　山云智取贼窟

近来因广西地区有山贼聚众掠杀，成为当地百姓的一大祸害，中央政府命都督金事山云前往征讨。山云抵达之后，发现山贼们为了自保，都把营寨设在山势险峻的峰顶，并在藤上挂木头，木头上又堆放石块，等到官军接近时，立即将藤索割断，让坠落的木石砸死入侵者，以至于无人敢冒险接近。不过，山云可是曾多次跟随朱棣出征的名将，他的临战经验对付这批山贼可说是绰绰有余。在他的策划下，官军趁夜把火炬绑在牛羊的角上，然后在后面鸣金击鼓，驱赶牲畜向前。山贼在半夜里看不清楚，还以为是官军来袭，便急忙将藤索割断。等到天亮的时候，才发现砸死的尽是些牛羊牲口，而用以拒敌的木石却已经全部坠落了，防御系统失效。这时官军才击鼓而上，顺利击破贼兵，连续收服了数十处山寨。

孙妃产子夺后！　皇子竟非亲生？

已经年过三十的朱瞻基与皇后胡氏大婚多年，但两人却一直没有生育子嗣，使得皇太子之位空悬至今。由于胡皇后的身体不好，时常生病，因此也让后宫的众妃嫔开始对后位有了非分之想。去年（一四二七年）十一月时，近来颇得圣宠的孙贵妃，总算为皇室生下了一个男婴。终于盼到皇长子出生的朱瞻基龙心大悦，而群臣也上表请求将这个小孩册立为太子，连胡皇后也数度上表请求"早定国本"。孙贵妃知道后，假装惊恐地表示："皇后的病已经好了，很快就能诞育龙子，我的小孩怎么可以抢在皇

我的孩子！

后的儿子之前被册立为太子呢？"但是朱瞻基还是决定将皇长子命名为朱祁镇，并于今年二月初六将其正式册立为皇太子。由于胡皇后随后也请求逊位，所以朱瞻基便废去胡氏之后位，改立太子的生母孙贵妃为皇后。不过，就记者所得到的可靠资料，发现太子朱祁镇根本就不是孙贵妃所出，而是她为了谋取皇后之位，暗中把一个宫人所生的小孩硬夺过来，假装是自己亲生的。正所谓"母以子贵"，这一切都是她早先就安排好的棋局。

征讨交趾的统帅王通等人回京之后，立刻遭到文武诸臣以"丧师弃地"的罪名弹劾。朱瞻基把他们都交付司法机关审讯，成山侯王通、都督（军事指挥官）马瑛、交趾布政使弋谦等人，全都被判处死刑并关押狱中。其中王通、马瑛二人因为自己已经认罪且证据确凿，所以各界并没有疑问，但在整起事件中看不出有明显缺失的弋谦，却也得跟着被处死，倒是引起了不小的非议。另外有评论家指出，依各种迹象看来，朱瞻基其实并不想诛杀王通等人，诸将虽然已被判处死刑，但也有可能就先这样囚禁在监狱中等待处决，过些时日便会被宽恕释放。

宣称陈氏已绝　黎利请封遭拒

日前，交趾的实际领导人黎利遣使奉表谢恩，并表示受大明册封为交趾王的陈暠，在数个月之前突然病故了，而陈氏后人也已经灭绝，国人共同推举他来治理军政大事，请朝廷可以正式下诏册封他为王。不过朱瞻基可是个明白人，一看就知道这是他的诡诈伎俩，所以并没有马上就答应，而是遣使敕谕黎利及安南人民，要他们再去寻访陈氏的后裔来承继王位。而之前遭到黎利俘虏留置的一百五十七名官吏，也在此时被送还"行在"。其中因战败被俘的，当然很高兴可以重获自由，回到故土。唯有交趾都督蔡福等六人，因为不但不战而降，还教敌方制造攻城器具来攻击明军，或是为敌方通风报信、充当向导。在审讯之后，他们被判处斩首弃市，官籍也被削去，家产充公。

没办法，他们全族都已经死光了，所以只好换我当王！

哼！我看根本就是你下的毒手吧……

刑部尚书金纯之前因为生病请假，所以朱瞻基便让专为皇室看病的太医去为其诊治，还特别准许他可以带病办公，无须每天上朝参见。但是，日前却有人举发说金纯玩忽职守，只顾着与达官显贵饮酒交际，放任待审因徒人数不断累积而不加审理。朱瞻基因此发怒说："这家伙说什么生重病了，我还让他不用来朝见，结果他却跑去赴宴喝酒，这样说得过去吗？"于是就把他关到锦衣卫的监狱。不过皇帝还是念在金纯是老臣，所以过些时日便将他释放，最后干脆命令他致仕了。

少年英豪出塞口　天子巡边亲杀敌

近来在宫中闷久了的朱瞻基想要亲自领兵巡边，于是他召集文武官员，让他们准备好兵马随驾而行。十几天之后，各路兵马都已备齐，便由塞义、杨荣扈从御驾，张辅、薛禄等分领大军，从"行在"向北进发。当一行人过了蓟州，行至石门驿时，哨探回报说有上万的兀良哈人正在侵扰边境。朱瞻基立刻命西宁侯宋瑛、武定侯郭玹、丰城侯李贤、都督冀杰屯兵遵化，然后他亲率三千精锐骑兵前去迎敌，每人两匹马、带十天口粮，而且只有杨荣一位文臣同行。过了几天，朱瞻基才刚出喜峰口便与敌军相遇，他拉弓射箭，亲自放倒了三名敌军前锋。随后又命铁骑分成两翼从左右夹击，一时之间飞矢如雨，加上神机炮的不断猛轰，敌人一下子便溃不成军并开始败逃。在朱瞻基亲自领兵追击的时候，敌军的兵士们才看清楚飘扬的黄龙旗，知道大明皇帝圣驾在此，必有重兵随护，便吓得赶紧下马跪拜请降，于是所有的敌军全部被活捉。在杀死领兵的头目，收缴大批的兵器马驼之后，朱瞻基下令班师，风光地结束了这次御驾亲征。

朱瞻基御驾亲征，一出喜峰口便遭遇敌军，他亲自拉弓射箭，放倒了三名敌军前锋

年度热搜榜

■ 朱高煦伸长脚绊倒皇上 发圣怒丢铜缸活活烤死

当今皇上朱瞻基在朱高煦被囚禁多年之后，基于叔侄情谊，亲自前往探视。但不知道朱高煦是关太久傻了，还是哪根筋又不对了，居然故意伸出脚来把朱瞻基绊倒。当场摔个狗吃屎的皇帝因此龙颜大怒，便下令力士用三百斤重的大铜缸将朱高煦扣在里面。结果，没想到孔武有力的朱高煦竟能够将铜缸整个顶起。于是朱瞻基又命人在铜缸周围点燃木炭，然后把朱高煦活活炙死在铜缸之内，而朱高煦的几个儿子随后也全遭到诛杀。

官吏犯罪只罚运砖 谕令修正奇怪规定

由于近年来修建京城、营造宫殿需要大量的人力，所以之前便有一项特别的办法，规定凡是官吏犯了罪，无论轻重，只要去搬运砖块即可官复原职。同时，允许贪赃被逮的官员纳米赎罪，只被轻罚降一级。在御史王翱对这种不合理的"戴罪复职"提出质疑之后，朱瞻基已经明确指示相关部门停止使用这些条律，以后官吏只要贪赃渎职的，皆须依例审判，不可纳米赎罪，就算是运砖赎罪，工满也必须罢免为民，不许复职。

朱高煦竟然故意绊倒去探望他的皇帝，而这样做的下场当然是死得很惨

60

政府设立钞关征收商船税

从洪武时期开始，政府对于往来各地的货物买卖，向来就只征收"商税"而没有所谓的"船税"，但近来依靠船只运载的货物品种及数量越来越多，这个趋势已经引起了政府的关注。户部尚书郭资就于日前提出了一项建议，表示应该立"钞关"，对所有受雇运载货物的舟船，依据路程远近及装载货物多少来加以征税。于是政府便在皇帝的准许下，设置了漷县、济宁、徐州、淮安、扬州、上新河、浒墅、九江、金沙洲、临清、北新等钞关，按照船的大小长宽征收不同数额的"船料"，并派御史及户部官员监督收税。

官员松绑 文字错漏不再重罚

根据旧例，只要奏本或文件中出现文字差误，该官员就必须依情节轻重分别治罪。日前，吏部就上奏说河南、浙江、贵州等布政使司，及诸府、县、土官等衙门的奏本中，文字多有修改贴补或错谬，这些都是属于不敬之罪，所以奏请皇帝下令将这些官员全都抓起来，关到狱中去严刑拷问。不过朱瞻基在看了奏本之后，表示这是文书抄写员的错误，官员们只是一时仓促失检而已，没有拷问的必要。皇帝这样的裁示，终于让那些奏本中出现错漏字的官员全都松了一口气。

中央遏止官场歪风 官员不准召妓饮酒

由于近年来常常有政府官员召妓饮酒被狗仔队逮个正着的丑闻，所以朱瞻基在日前便很不高兴地告谕行在礼部尚书胡濙说："以前历代先皇就曾规定过文武官员家中不能狎妓饮宴，但最近这种情形却越来越严重。大小官员私下摆宴饮酒，总是命妓歌唱，沉酣终日、怠废政事，甚至还有留宿的事发生，简直是败坏风俗。你们礼部快去公告禁约，以后如果再有违反此项规定的，就要严惩不贷了。"一般认为，礼部奉旨颁布这项禁令之后，在某种程度上，应该能有效改善政府的形象并提升行政效率。

大小官员私下饮宴的情况引起了朱瞻基的重视

都御史受人诬告　顾独坐不报私怨

顾佐入内廷办公时除非是要议论政事，否则绝不与其他官员群聚闲聊，因此有"顾独坐"的外号

入内廷办公时除非是要议论政事，否则不会与官员群聚聊八卦的都御史"顾独坐"顾佐，在上任之后便以他刚正不阿的施政风格，纠参罢黜了不少贪腐官员。不过，可能也是这样的行事作风得罪了许多小人，所以在不久前顾佐被人告了一状，说他收受衙门皂隶（杂役）的财物，然后把该当差的人私下放回去。于是朱瞻基找大学士杨士奇来，私底下给他看了奏疏，然后问他："你不是曾推荐说顾佐很廉洁的吗？"杨士奇回答说："中朝官（指御史、给事中、翰林学士等皇帝近侍之臣）的俸禄非常微薄，所以往往会将皂隶遣回，让他们缴交一些费用之后，免除其差役，可以返家耕田，而官员也可获得一点贴补的费用。所有的中朝官都是这样，包括我也是如此。先帝就是了解这种情形，才为中朝官增加俸禄的。"朱瞻基听了之后才知道中朝官的经济窘境，便要把这个乱投诉的人移送有关部门严惩。不过在杨士奇的劝谏之下，最后还是把这份诉状交给了当事人，让顾佐自行惩治。挟怨告状的奸吏被叫到顾佐面前时，心想这下死定了，但顾佐却说如果他愿意改正，就饶过他。而整件事也就这样结束了，连皇帝听到如此的处理方式，都称赞不已。

大掌柜夏原吉去世　性节俭宽厚待人

历事永乐、洪熙、宣德三朝，执掌国家财政二十七年，被各界誉为大臣中最宽和有量的户部尚书夏原吉，已于日前去世，享年六十五岁。夏原吉在永乐十九年（一四二一年），曾经因为劝阻成祖亲征漠北而被关入狱中并查抄家产。结果经过相关人员清查，除了御赐的钱钞之外，他的家中竟然只有一些布衣瓦器。前年（一四二八年）跟随朱瞻基北巡时，皇上一时性起，拿夏原吉背袋中的干粮来试吃，还半开玩笑地嫌弃他随身携带的食物太粗劣。而他却回答说："军队中还有饿着肚子，连这都没得吃的人。"朱瞻基也因他这句话而下令犒劳将士。夏原吉除了生性节约之外，待人处世也总是有雅量，就算别人曾经诬陷过他，但只要是对国家有利的，他也会不计前嫌在皇帝面前推荐那个人。而他在提笔拟写年终大辟（死刑）的奏章时，

再来一块吧！

不要！臭死了！

也会长叹而犹豫不已，不管受刑人犯了何等重罪，他还是尊重每一个生命。就是这样的态度，让夏原吉被推崇为有贤臣之风，深受众人景仰。皇帝也特别下令免除他家的赋税徭役，而且以后世世代代都不必缴纳。

开平卫堡内迁　边防之险尽失

洪武三年（一三七〇年），李文忠攻克大元的上都之后，便在此设置开平卫并留兵驻守，作为兴和、大宁、辽东、甘肃、宁夏等地的外防要塞。但是到了永乐年间，在失去大宁，连兴和也被阿鲁台攻陷之后，开平便失去了可以倚靠的后援。近来鞑靼又屡屡进犯，让政府不堪其扰，于是决定舍弃这个要塞，然后另建独石堡，将开平卫内迁至此。军事评论家表示，此次弃地三百里，可以说尽失龙冈、滦河之险，虽然离恶邻远了点，但恐怕将使边防更加空虚。

外使至今未朝见
郑和七度下西洋

由于征讨黎利的安南战役结束得并不如表面上那么光彩，加上自朱瞻基即位以来，远洋的诸藩国又都还没有遣使来朝见进贡，于是朱瞻基便命郑和第七度率领船队，再下西洋宣扬国威。资料显示，这次船队规模有六十一艘，人数则有二万七千余人，预计将于年底从龙江关出发。

临时变专任　巡抚常驻各省

中央政府为了加强对地方的管控，以及整顿各省的粮食和财政情况，特别于今年九月宣布，将以往仅为临时派遣性质，事毕就必须回京复命的"巡抚（高级官员）"一职，改成各省专设常任，以巡行地方、抚镇军民，并节制三司（承宣布政使司、提刑按察使司、都指挥使司）。于是拔擢吏部郎中（中级官员）赵新为吏部右侍郎巡抚江西，兵部郎中赵伦为户部右侍郎巡抚浙江，礼部员外郎（中级官员）吴政为礼部右侍郎巡抚湖广，御史于谦为兵部右侍郎巡抚河南、山西，刑部员外郎曹弘为刑部右侍郎巡抚北畿（北直隶）、山东，越府长史周忱为工部右侍郎巡抚南畿（南直隶），以后将由各省巡抚统一督导税粮，安抚地方。

巡抚从临时派任的性质，转变为各省专任并节制承宣布政使、提刑按察使、都指挥使的长官

年度热搜榜

官员恶霸强占田土　屯田成效大打折扣

　　西北各卫所近年老是申报缺粮，使得相关单位疲于运输补给。在细查原因之后，发现原本这些地方的田地可以引水灌溉，虽遇天旱也还是会有收获，而且各卫所军士中，负责守城的兵士只占两三成，七八成的兵士都去屯田耕种了，理应不该缺粮。之所以会出现这种现象，都是因为肥沃的土地被镇守官员及豪强霸占，从不纳粮交税，只留下一些贫瘠的土地让军士耕种。他们还往往在屯田兵士被派往别处之后，便不申请拨补而窃据其土地，

你看，我的田结出这么大的果子！

看来你占到一块好田哦！

……

许多官员和豪强都强占良田，在劣土工作的屯田士兵收获少得可怜

只为了一己的私利而不把国家安全当一回事。朱瞻基得知此事，便派人前往陕西督办屯田事宜，并将这些侵占国土及欺瞒朝廷的歹徒恶棍全都绳之以法。

黎利封王未准　安南自行称帝

　　之前黎利多次以找不到陈氏后人为由，上疏请求册封他为王，但朱瞻基却一直没有答应。直到今年黎利再度遣使谢罪，并以交趾当地土官长老的名义为自己请封，朝廷才总算答应下诏让他代理安南国事。不过，据记者所知，虽然黎利一再上表请封为王，但实际上他早就在安南以"顺天"为纪元自行称帝了。

圣驾微服险遇袭

近来喜欢微服出巡的朱瞻基差点遭遇有心人士的暗算

唉？看不到有什么危险啊！

皇上！当心！

　　近来爱上微服出巡的朱瞻基，只带着四个贴身侍卫黄夜来到阁臣杨士奇家中。杨士奇仓皇出迎，并下跪叩头说："陛下身系宗庙社稷，怎么自己就冒险出来了？"朱瞻基笑着说："我只是想跟你聊聊天，串串门，所以就来了。"事后杨士奇一直提醒说，要注意有人图谋不轨，会乘机行刺，但朱瞻基却当成耳边风，不太相信会有这种事。直到十几天后，在"行在"抓到两个盗贼，经过审讯，发现他们竟然有行刺圣驾的意图，朱瞻基才吓了一跳，赶紧跟杨士奇说："我到现在才知道，你一直爱护着我呢。"看来这阵子皇帝应该会比较少微服出巡了吧。

宦官袁琦收贿遭磔死

　　自朱瞻基即位之后，自小侍奉他的宦官袁琦便因恃宠而骄而恣意妄为，不但弄权受贿，还擅自派遣许多宦官内侍以采办之名，前往各地掠夺官府与民间的财物。而这等恶行终于在日前败露，他被勒令关押在锦衣卫的监狱，并抄没家产。结果一去查抄，发现袁琦家中的金银财宝竟然数以万计，日用穿着也多逾越身份。朱瞻基在得知之后大怒，便下令将他磔死（凌迟分尸），将他派遣在外的党羽全部捕拿归案，也都一并处死，可以说是大快人心。

66

年度热搜榜

【明·宣德七年】公元一四三二年

朱瞻基再诏恤民减租

　　一向宽政爱民的朱瞻基，不久前问大学士杨士奇："我上一次下诏恤民都已经是两年前的事了，最近还有什么可恤之事吗？"杨士奇回答说："之前陛下颁诏说要减收官田的租税，结果户部到现在都还照旧征收。"朱瞻基听了很生气，表示以后如果再有官员阻拦，不依诏令恤民减租，就要把承办官员移送法办。同时他也接受杨士奇的建议，颁布多项仁政，抚恤逃民、稽查贪官、提拔文学武勇之士、让受极刑者的子孙也能当官升职，并请诸大臣推荐贤良的人，以便选补为地方官吏。

江南水患频仍　水利工程获准

　　由于江南苏州、松江、嘉兴、湖州四府之地，有六个湖泊，广袤凡三千余里，每次只要连降大雨便会泛滥成灾，百姓赖以为生的农田也会随之淹没。虽然在永乐初年，朝廷已经派夏原吉等人做过疏浚工程，但是后来因为年久失修，河港又开始淤塞不通。今年九月，苏州知府况钟奏请在农闲时征调民工疏浚，宣泄湖水，以保障农作物之收成。此案目前已被批准，将由工部右侍郎周忱与况钟共同负责此事，在计算工程所需人力多寡及施工难易之后，将预算及工程计划上报朝廷，再行办理。

济农仓成立　赈灾更便利

　　以往苏州、松江二府的百姓所缴纳的粮食，由于要依规定大老远地运送到南京，所以每石都必须先扣抵六斗的耗费，相当于光是运费就消耗掉应收总数的百分之六十，而这数额当然是由百姓来负担。于是周忱便下令百姓将粮食自行运送到当地的官府，然后每石付给一斗当作运费。结果这样下来，一共多出了四十余万石的粮食，再加上之前以公费买进的赈灾备粮

二十九万石，一共有七十万石可以充作赈贷之用。这些分别储存于各地仓库，被称为"济农仓"的粮食，除了用作赈济之外，每年的结余也可提供民间在欠租时借贷，然后再于秋收时偿还，让农民的生活更有保障。评论家表示，虽然朝廷不断下诏行宽恤之政，但是大部分的官员都在敷衍，真正贯彻的可能就只有周忱及况钟两个人而已。

年度热搜榜

严禁内官修佛潜逃

因为近年来许多小宦官受到僧人的迷惑，有的长年吃斋念佛，有的甚至还潜逃出宫削发为僧。于是朱瞻基便告谕各内监长官，表示心存善念即是修行，不必素食诵经，也严禁内官潜逃为僧。凡是已经藏匿于寺院中而出来自首的即宽恕其罪，要是有在外潜逃或不自首，最后被相关单位逮捕到案的，则一律处以死刑。

朝贡？抢劫？
倭寇危害东南沿海

自洪熙年间以来，东南沿海的倭寇就十分猖獗，不时地窥伺沿海地区。这些海盗十分狡猾，船上会装载着很多地方特产和兵器，出没于海滨。一见有机可乘便拿出兵器，化身为倭寇烧杀抢掠，但要是发现官军前来盘查的话，便又会展示他们所携带的特产，谎称是要来朝贡的。一般认为，政府如果不能想出妥善解决的方法，那么倭寇势必成为东南沿海的一大祸患。

司法小改
越级诉讼属实将不罚

由于以往常常有人为了陷害仇人以泄私怨，便罗织罪状赴京陈诉，使得司法单位不胜其烦，于是朝廷便奏准严禁越级诉讼。凡是要告状的，一定要按照规矩自下达上，如有越级诉讼的就一律发配边远之地充军。不过这样的做法，虽然让诬告事件大为减少，却也使得许多人含冤莫申，而那些坏人也更加肆无忌惮。为了改正这一弊端，朱瞻基已于不久前宣布，今后，如果越级提起诉讼，但经查为事实者，就不再给予处罚，只有诬告不实的才要被发边充军。

七下西洋建伟业
郑和过劳葬异乡

根据海外传回的消息，七度率领船队下西洋的太监郑和，已于今年四月初因过度劳累在印度西海岸的古里去世，其遗体已就地安葬。而船队将改由太监王景弘指挥，预计将于七月返回南京复命。

年度热搜榜

【明·宣德九年】公元一四三四年

飞蝗蔽日成灾　官员下乡捕虫

今年夏天，两京、山东、山西、河南等处发生大蝗灾。成群的飞蝗不但遮天蔽日，连覆盖在地上的厚度也在一尺以上，农作物全部被啃个精光，灾情可以说是十分严重。为此，中央政府已经派出了御史、给事中（监察官）以及锦衣卫官校，分头前往各个灾区，以督导捕蝗的行动。不过，病虫害专家悲观地认为，蝗灾一旦发生，靠人力徒手捕捉，效果是非常有限的。

圣驾巡边欲袭瓦剌　杨荣谏止维护诚信

今年九月，朱瞻基一时性起，又决定再次亲自率军巡边。于是命武定侯郭玹、西宁侯宋瑛、广平侯袁祯、都督张升及李英分掌行在五军都督府事务，行在吏部尚书郭琎兼行在工部事，都察院右都御史熊概兼行在刑部事，又命太监杨瑛、李德、王振、僧保、李和等提督皇城内外其他事务。而由他一向信任依赖的重臣蹇义、杨士奇、杨荣、杨溥、胡濙、吴中等人扈从。当车驾一行由"行在"出发，过居庸关，抵达洗马林时，朱瞻基忽然灵光一闪，说："瓦剌部狩猎场离此不远，如果我们现在袭击的话，一定可以大获全胜。"但是杨荣却马上回答说："陛下屡次派人晓谕劝服瓦剌，使他们前来边塞附近游牧狩猎。今日如果袭击他们，不就代表以前所发出的诏令都是骗人的了吗？况且他们知道陛下在大军随扈下来到此处，一定早就事先逃

遁了。现在去袭击瓦剌根本没有任何好处，只是徒然失去他们的归顺之心。"朱瞻基闻言，觉得很有道理，便放弃这样的想法，并于十月返回"行在"。

年度热搜榜

【明·宣德十年】公元一四三五年

■ 宣宗早逝新帝年幼 张后授权三杨辅政

朱瞻基去年（一四三四年）北巡返回"行在"之后，便感到身体不适，到了元月初三，这位年轻有为，将国家带入一片升平的皇帝，只留下一切国政大事向皇太后请示的遗诏，就以三十八岁的英年于乾清宫驾崩了。到了初十，年仅九岁的皇太子朱祁镇（明英宗）即位称帝，诏令全国大赦，并以明年（一四三六年）为"正统"元年。不久，以皇帝之名尊皇太后张氏（朱瞻基之母）为太皇太后，尊皇后孙氏（朱瞻基之后）为皇太后。虽然有许多大臣建议太皇太后应该垂帘听政，但张太后认为这样做是破坏祖宗之法，所以并没有同意临朝之议。不仅如此，张太后为了避免外戚干政，还下令她的兄弟彭城伯张昶、左都督张升只能在每月的初一、十五朝见，不得预议国事。就算大臣们认为张升贤能，屡次请求张太后予

朱瞻基突然去世后，由九岁的朱祁镇继位

（图中对话）今天开始不用上学喔……改成上朝！

以重用，她也仍然没有批准。而且，尽管名义上所有朝政及军国大事的奏章都会先呈给她阅览，但张氏总是将奏本全数送去给杨士奇、杨荣、杨溥等元老重臣讨论，等他们决议之后便按内阁的意见来执行。在太皇太后与三杨完美默契的配合之下，已经叫停了一切不急之务，让国内的政局迅速恢复稳定。

郭爱依例殉葬系误传　遗诗道尽哀凄皆因病

朱瞻基下葬时，有十个妃嫔跟着殉葬。有传闻说其中有个叫郭爱的嫔妃，入宫还不到一个月，可能连皇帝的面都没见过，也一样被列入殉葬名单之中。而她在死前，还含泪写下了这样一首绝命诗："修短有数兮，不足较也。生而如梦兮，死则觉也。先吾亲而归兮，惭予之失孝也。心凄凄而不能已兮，是则可悼也。"经记者查证此事系误传。这首诗的内容如此凄婉哀怨，是因为她在宫中患病，自知命不久矣，并且在朱瞻基病逝前就已经身亡了。

三杨主导新政　皇室实施撙节

日前，中央政府下令召回了早先派驻各地部队或政府单位的督导宦官，同时也遣散了教坊司（皇宫音乐戏剧管理部门）的三千八百多名乐工，以及在陵寝服劳役的一万七千个民夫，连六千四百多名厨役中老年生病者也予以遣散，"行在"各寺庙中将近七百名僧人、喇嘛也减数存留，二千六百多名库役也放回；并节省各项开支，把钦天监历日将近五十一万本的发行数量，减少到只剩十二万本；太医院的药材需求量也砍去将近一半，只剩五万五千四百余斤；光禄寺为皇宫采办的糖蜜果品则减去三分之二，数万只腌腊鸡鹅猪羊及酥油四千斤更是全都减去，七千五百余斤茶叶也减省为四千斤。一般认为，皇室在实施这样的撙节措施之后，不但能省下大笔经费，以使用在更迫切需要的地方，对于政治风气也会有显著的正面影响。

大玩两面手法　王振出掌司礼

之前就一直陪侍在朱祁镇身边，深得小皇帝欢心的宦官王振，于日前被委任为司礼监（此时司礼监已取代内官监成为内府衙门中最重要的单位，掌管所有宦官之礼仪刑名）太监。虽然王振在三杨（杨士奇、杨荣、杨溥）的眼中是个识大体、知进退，能以国家为重的难得人才，但据记者私下探得的消息，王振为人狡黠善变，善于耍两面手段。一方面投幼君贪玩之所好，另一方面在辅政大臣面前，却又装出事事顺从、不敢干预政事的样子。于是在朱祁镇与三杨的信任下，王振一举超越朱瞻基时期最受宠信的宦官金英，出任司礼监太监一职。

71

年度热搜榜

经筵每月开讲 王振负责陪玩

为了辅佐小皇帝成为明主，高层特别研讨了经筵进讲的制度，定为每月一次，由学识丰富的官员于文华殿为皇上讲课。但据说每天在朱祁镇旁边随侍的太监王振，却总是带着小皇帝玩东玩西的，让他也无心学习。

安南黎氏终于受封为王

之前安南的统治者黎利，虽然早有称帝之实，却一直没有得到大明王朝的册封。在他死后，明廷仍然诏令他的儿子黎麟代理安南国事。不过，由于黎麟在近几年态度十分恭敬，不论是先帝驾崩、新帝即位，还是尊封太皇太后及皇太后位号，他都会派遣使者进表献贡。所以明廷在商议之后，认为从主客观条件来看都已经不可能再找到陈氏的后裔了，于是便遣使送敕命印信，正式册封黎麟为安南国王。

太皇太后充分授权　三杨成为梦幻组合

在太皇太后张氏的委任之下，杨士奇、杨荣、杨溥同心辅政，共同商议臣民奏章，并做出许多对国家有利的决定。政治评论家认为，这三个人里面，杨士奇学识渊博并通达国体，杨荣的长处是多谋善断，而杨溥则是行事圆融谨慎。每次在商议国事的时候，总是由杨士奇援引古义作为参考，

然后杨荣反复分析各项利弊并果断做出决定，如果其他大臣对施政有所争论，杨溥总是能够虚己从人，顺利协调众人的意见。由于三杨之间心无芥蒂且相忍为国，使得他们被舆论称为梦幻组合，获得一致好评。各界还根据宅第的位置所在，分别称呼杨士奇、杨荣、杨溥为西杨、东杨、南杨。

在王振的恐怖弄权之下，大多数官员都已经不敢再多说什么，就怕惹祸上身

王振朝中立威　言官生畏噤口

自从年幼的朱祁镇即位以来，司礼监（掌管所有宦官之礼仪刑名）太监王振的地位与权势可说是与日俱增，他种种专擅的行为已经令所有官员备感压力。今年十月皇帝亲阅骑射时，在领命受测的一万多人之中，唯有驸马都尉井源（皇姑嘉兴公主的夫婿）一人三发三中，照理来说应该会获得重赏，但最后竟然只被赏了一杯御酒。这让众人不禁回想起之前由王振主持阅兵时，他的亲信纪广莫名其妙就被列为第一，至今官位还青云直上。此外，工于心计的王振为了让在朝大臣惧怕自己，还在很多地方都耍了心机。例如当兵部尚书王骥商议边塞事宜而五日未奏时，王振便教唆皇帝召见王骥，不但当面斥责，还将其逮捕下狱。虽然马上又把人给放了，但大家也因此都知道了王振在皇帝身边的影响力有多大。没过多久，又有人弹劾英国公张辅复奏延误了时日，而科道官员（监察官）对此隐匿不报，在王振的操纵之下，张辅没有被追究罪责，反而一堆的御史、给事中被狠狠地打了二十大板。政治评论家认为，王振借着炒作这些鸡毛蒜皮的小事，来达成在朝官前立威的效果，使得言官开始惧怕他而噤声。日后势必演变为监察官员顺从王振的意向，动不动就寻找大臣的微小过失加以弹劾，造成劣币驱逐良币、朝政日益紊乱的现象。

年度热搜榜

【明·正统二年】公元一四三七年

王骥管理甘肃　诸将听命畏服

王骥

近来蒙古人又屡次进犯边境，虽然朝廷先后多次派出大将前往征讨，但都无法有效地遏阻敌人继续入侵。不久前，又选派了兵部尚书王骥前往甘肃管理边务，并准许他见机行事。王骥赶到军中之后，便召集诸将，究问之前追敌到捕鱼儿海的时候，是哪一个人主张撤退而导致军队作战失利的。将领们都说是都指挥使安敬所下的命令，于是王骥立刻下令将安敬捆绑起来，在军前斩首示众。一时之间，诸将都为之畏服，没有人敢不听从王骥的号令。他接着大规模检阅将士，分兵划地，让每个将领都有各自要防御的责任区域。同时还淘汰了将近三分之一无法上阵的老病士卒，然后重新制定轮流防守的办法，让兵卒们可以得到充分的休息。

魏源大同掌兵符　杨洪败敌镇岭北

刑部尚书魏源在受命管理大同边务之后，知道以敢战闻名的猛将杨洪在军事方面有过人之长才，于是便派他协助另一位将领李谦共同守卫独石堡。但是李谦因为年高胆怯，行事风格与杨洪差异过大，所以两人一直处不来，甚至每次在杨洪要调兵时，李谦都还会暗中加以刁难。后来，李谦因故被人弹劾去职，不再被捆绑手脚的杨洪才得以在此一展才能，并数次击败来犯的敌人，让蒙古人不敢再恣意纵兵掳掠，可说是威震岭北，还与边防名将王骥二人被合称为"杨王"。

西杨力挺保举制度　三品以上为国荐才

之前因为地方郡守缺官甚多，所以朝廷便下令让在京三品以上的官员荐举贤能人才，以供政府择用。但是有官员认为如此一来，将大开私谒之门，助长奔竞结党之风，因而建议停用这项举荐之法。于是朱祁镇便让诸臣一起商议此事，而大学士杨士奇也对此提出自己的看法，他表示："从前地方官员人数不足，或者官员能力不足，以致百姓受苦时，宣宗皇帝便敕令大臣保举人才，政府于是得到了许多贤能之士。

其中虽有少数的不称职者，但也是单纯因为推举的人一时没有明察，或是故意徇私造成的。从前唐太宗也命三品以上的京官举才，后来的成效是当时三文钱就可以买到一斗米，人人生活富足。而他的要求就是如果被保举者贪赃枉法，则推荐人要受到连带之处罚。如此一来，保举者就会非常谨慎，而被推举的人也必定会尽忠职守。"最后，皇帝还是采纳了杨士奇的意见，下诏令三品以上的京官仍旧可以保举贤能之士。

年度热搜榜

王骥威震塞外

近来在边关屡败敌军的兵部尚书王骥，于今年夏天主动出兵塞外。在临出发前，他还告诉担任前锋的大将蒋贵说，如果没有获胜就不要回来见他，而他自己则率领大军跟随于后。仅带着二千五百轻骑的蒋贵在狼山击败敌军之后，乘胜追抵石城，正要深入进袭，副将李安却认为此举过于冒险而极力阻止，蒋贵便拔出剑来，厉声大骂李安说："谁敢阻挡军队前进就斩了谁！"于是才顺利地引兵从小道疾驰了三个昼夜，直抵敌人的老巢。这时敌方完全没有防备地在牧马，蒋贵的部队突然现身冲入马群之中，兵士们用鞭子或弓来击打敌军的马匹，马群在受惊之后四处跑散。无马可骑的敌军只好徒步进行战斗，但在明军铁蹄的蹂躏之下，很快就溃散了。而王骥率领的主力部队，也在同时一举击败敌军，并降伏了许多部落，平定了西部边疆地区。

北京翻修城防设施　高墙深壕固若金汤

打从去年（一四三七年）开始，朝廷就大兴土木，改造北京城的门楼、城壕及桥闸。这项工程于今年四月终于竣工，各个城门的城楼都经过修整，并在门外立牌楼，城的四隅搭建角楼。另外，又加深城壕，壕的两侧也都以砖石堆砌。九门旧有的木桥则全部撤掉，改以石桥代替。每两座桥之间则设有水闸，城壕中的水自城的西北隅环城向东流，在经过九桥、九闸之后从城的东南隅通过大通桥流出。整个北京城的防御工事经过如此重新翻修加强之后，可说是已经达到固若金汤的程度了。

人家比较想要这一种……

北京城经过翻修加强之后固若金汤

大火烧毁试卷 裁定全数 重考

今年八月初九，顺天府的贡院（会考试场）才刚进行完第一天的考试，没想到当晚就发生了大火，不但许多的房屋、考试间都付之一炬，连考生交来的试卷也被烧得残缺不全。结果相关单位的承办官员怕被降罪，竟然想要隐瞒试卷已遭烧毁的事，不敢说要重新考试，只申请修补房舍了事。不过，被指派充任考官的翰林学士曾鹤龄却极力主张一定要重考才可以，否则即使没有私心也算是一种欺诈。礼部官员只好草拟两种意见进呈给皇帝批阅，最后裁示重新考试以示公平。

不堪超时工作 大批民工逃亡

原本在朱祁镇即位之后，因为停止了多项国家重大工程，让许多的民夫工匠可以免除劳役回到家中，民众为此拍手叫好。但是近年来却因为要营造宫殿、修建九门、改建政府部门的公署，还在北京城内外大兴佛寺，所以便又征调了大批的民工。这些工匠不堪长时间疲劳地工作，于是爆发了大规模的逃亡潮，粗估逃亡人数到目前为止已经多达四千二百余人了。政府因而下令展开大追捕，给所有抓到的人戴上桎梏，然后送回现场继续做工。政府这样的举动，已经使得众多民众开始感到失望。

多位大臣接连被捕入狱，显然都和王振有关

大官接连下狱 王振淫威示警

今年包括礼部尚书胡濙、户部尚书刘中敷、刑部尚书魏源、右都御史陈智等都曾经被逮捕下狱。一般认为，这些事件都与太监王振有关，虽然上述政府要员最后又都被放了出来，但王振滥加淫威示警的意味非常重，这也代表着王振控制政府的能力正与日俱增。

年度热搜榜

麓川政变
明军惨败

麓川土司思任发自去年（一四三八年）开始，积极扩张势力，侵吞了邻近的二百七十八个村落。朝廷在得报之后，即刻下诏令其归还，而思任发仍然充耳不闻。于是中央便派都督方政、黔国公沐晟一同率兵前往征剿。当南征大军抵达金齿时，只见敌人早已沿江立寨。沐晟派人去劝谕，思任发一面加紧赶造三百艘战船，准备应战，一面假装要投降以作为缓兵之计。这时候，虽然方政已识破对方诡计而请兵出战，但沐晟却信以为真，不肯发兵，连方政提出的造船渡江计划也予以否决。方政一气之下，独自率领直属部队与敌交战，先是破敌大寨，又歼灭三千名敌军，然后乘胜深入敌营重地。此时方政的部队已因长途征战而疲惫不堪，于是便派人向沐晟求援。但沐晟因为方政先前不听节制，所以故意拖了很久才只带着少数部队前往，而且行至半路就滞留观望。孤军

思任发

追击的方政，最后终于在敌方派出象阵冲击之后，英勇战死于马上。而沐晟闻讯立刻引兵返回永昌。事情传到了"行在"，朱祁镇便下旨切责，并令沐晟再节制湖广、贵州、四川的军队前往征剿。不过，沐晟在接诏之后，却因为畏罪而服毒自尽了。

灾情特报！

五月间，"行在"等地忽然降下大雨及冰雹，之后豪雨不断，终于在顺天、真定、保定、开封、卫辉、彰德六府酿成严重的水灾，淹没了官舍民居数千间，至于财产损失，更是难计其数。接着各地又传出河流决堤溃出的灾情，许多人都因走避不及而惨遭溺亡。

年度热搜榜

三杨王振濒失衡　内阁预先注新血

嘿嘿嘿……

太监王振在政坛中的影响力正逐渐压过三杨

太监王振当权之后，虽然仍对三杨有所顾忌，但权势却已无人能及。有一天，王振对杨士奇、杨荣说："朝廷的事长期劳烦诸位大人，现在你们都已经年老、困倦了，所以……"杨士奇回答说："老臣为报答国家，一定鞠躬尽瘁，死而后已。"杨荣则说："我们几个已经是风烛残年了，没有办法再继续为国效力，但我们会尽快选择可委以重任的年轻人入阁，以报答圣主大恩。"王振在听到杨荣这样说之后，便很高兴地走了。事后杨士奇责怪杨荣失言。杨荣回答说："这家伙已经开始厌恶咱们了，要是他直接从大内以皇帝的名义下诏，让他的心腹加入内阁，那到时将怎么办？倒不如趁着我们还有影响力的时候，挑选几个贤能的人进来，同心协力，或许还有可为。"杨士奇听完他的分析，也认为这种做法是正确的，于是便在第二天开列了翰林学士马愉、曹鼐、苗衷、高谷等推荐名单进呈。最后朱祁镇从中挑选了马愉、曹鼐两个人进入内阁参与政务。

七万民工翻修三大殿

奉天、华盖、谨身三殿在永乐年间因火灾被烧毁之后，只在当时稍加修葺，一直到今年三月朱祁镇才下令相关部门予以重建，并同时修缮乾清、坤宁二宫。虽然在材料部分，因为之前已有采办储积而不必再行购入，但整个工程所需要征调的民夫工匠却高达七万人，这对百姓来说又是一项沉重的压力。

王振喜度人
僧道满街跑

近日来满街满市穿着黄帽缁衣的僧道，已经成为闹区中的奇景。之所以会出现这种现象，就是因为当红的太监王振不但喜欢僧道，而且每年还要劝人出家，以至于今年出家的人数就超过了二万二千三百人。在明初，政府曾严格控制僧道人数，但如今被王振这么一搞，出家人的数量反而创下了历史新高。

出家人慈悲为怀……

吵什么！给我拖出去砍了！

杨荣离世
三杨政体瓦解　阉党影响日重

历事永乐、洪熙、宣德、正统四朝，身为内阁重臣的杨荣，日前回乡扫墓，不幸以七十之龄病逝于返京途中。杨荣在世时，每当诸大臣间议事不决，或是触怒皇帝之际，他总是有办法可以缓解情势。而他因为曾跟随朱棣北征，对于边塞事务亦十分熟悉。加上他多谋善断，所以与杨士奇、杨溥等阁臣一直配合得很好。如今他的离世，将使得三杨政体开始瓦解，阁臣与王振之间的权力对抗也将更为吃力了。

甘肃强震　死亡人数破二百

今年十月上旬，庄浪卫附近就一直强震不止，造成许多城堡及房舍坍塌，压死了二百余人，以及八百多马骡牛羊。在之后的十几天里，又陆续发生多次规模不小的余震，但除了部分地区有房舍草棚被震塌之外，未再传出其他灾情。

建文皇帝现身？　年岁明显不符！

之前有一位九十多岁的僧人，一路从云南行至广西，自称是"建文帝"本人。地方官得到消息之后，立即将他逮捕，并械送"行在"会审。据闻，在审讯过程中，这个僧人还一直宣称自己就是建文帝，又说他已经年过九旬，快要死了，只想要葬在祖父朱元璋的陵寝旁边。不过，奉命承办此案的御史头脑可清楚得很，直接告诉他："建文帝生于洪武十年（一三七七年），如果还在世的话，今年也才六十四岁吧。"老和尚被这句话打脸之后，只好承认他本名为杨行

> 阿弥陀佛，老衲就是建文帝。

> 呵呵呵，你说是南极仙翁，我还比较相信。

伪称自己是建文皇帝的老和尚因年龄差距太大而被轻易识破

祥，是在洪武十七年（一三八四年）剃度的河南钧州人。最后这个假的建文帝便被关押到锦衣卫狱中，而他的十二个徒弟则全被发往边疆充军去了。

麓川求和乞停战　王振不允硬发兵

之前四出侵扰邻境的麓川土司思任发，因为考量自己不可能与整个大明对抗，所以自行上疏请降，乞求朝廷能宽免其罪。朱祁镇在收到降书之后，便让诸大臣对此加以讨论，最后廷议的结果是决定接受思任发的请降，然后罢兵西南。而皇帝也同意此一决定，并要相关单位做出后续之规划。但在不久前此案又被推翻，将以定西伯蒋贵为将军，率军十五万征讨麓川。之所以会产生这种戏剧性的变化，据闻是因为太监王振想要示威于边疆，而兵部尚书王骥也揣知了王振的心意，于是便上疏力主对麓川用兵。王振看到这份符合他心意的奏章，自然是喜出望外，就开始在皇帝旁边搬弄是非，最后推翻了廷议，让西南再起战火。

8:00 🔋 100% ▥

年度热搜榜

【明·正统六年】公元一四四一年

—— 两袖清风不送礼　于谦惹恼王太监 ——

十几年来巡抚山西、河南等地，以清廉刚直而声威远播的于谦，于不久前回"行在"朝见时，意外被关押入狱并判处死刑，引起了各界的强烈关注。据记者深入追查，发现于谦之所以会遭此横祸，完全是因为得罪了太监王振。自从王振当权以来，文武大臣们便争相在王振面前献金求媚，只有于谦每次入京时什么也不带。曾有人建议他就算不送金银，至少也要带点土特产之类的，好当作礼品，但于谦却很潇洒地甩了甩衣袖，回答说只有清风而已。也因此惹恼了王振，于是叫人以于谦"多年没有升迁而有怨，才会推举他人代替自己"为理由加以弹劾，下狱论死。所幸后来只关了三个月，就释放出来，并降职为大理寺少

于谦

卿（中级官员）以示警诫之意。这消息传出之后，山西、河南的数千官民，便集体拜伏在宫门之前，上疏请求能让于谦留任。政治评论家表示，由于此次民间的反弹力量过大，王振也不敢继续坚持，所以可能过一阵子就会让于谦官复原职了。

京师仍定北京　不再称为行在

开国之初，朱元璋把京师定于他崛起之地集庆，改名为应天府，即南京；之后朱棣又于永乐元年（一四〇三年）把他的原封地北平建为北京，改名为顺天府，当作陪都，也称为"行在"。到了永乐十九年（一四二一年），经过多年的筹备之后，朱棣终于把他最熟悉的北京正式改为京师，并迁都北上。但是到了洪熙年间，因为朱高炽长期待在南京，对此地也有特别的情感，所以想要把首都迁回，便又下令北京仍然称为"行在"。不久，朱高炽猝逝，南迁计划也就搁了下来。后来朱瞻基因为一向把爷爷朱棣当作偶像，所以没有实行父亲南迁的规划，仍旧把北京当成首都在用。如今北京的宫殿修复完成，朱祁镇也顺势宣布正式以北京为京师，废去行在之称。而在南京的各个政府机关，也都改铸官印，并在机关的名称前冠上"南京"二字，以作为与北京之区别。

王振对于未获邀参加国宴一事十分生气

未获邀宴王振**怒**
东华门开百官迎

奉天、华盖、谨身三殿的修复工程在日前竣工，朱祁镇于十一月初一为此设宴，邀请文武百官赴宴庆祝。但依据开国以来的惯例，宦官本来就不在受邀之列，所以朱祁镇特别派人去问王振要怎么办。王振一见到使者，就勃然大怒，说："周公能辅佐成王，唯独我就连坐一下的资格都没有吗？"当使者回报之后，朱祁镇竟然觉得这样真的太委屈"王先生"（当今皇帝对王振的尊称）了，于是便下令大开东华门召王振赴宴，并让文武百官在门外等候拜迎，王振这才高高兴兴地参加了这次盛宴。

兵力悬殊
王骥南征麓川大捷

年初举大军南征麓川的王骥、刘聚等部队，于闰十一月在腾冲会兵之后，长驱直抵叛军领袖思任发所占领的杉木笼山。虽然叛军乘高踞险，并且修筑七座碉堡相互为援，但最后仍因兵力悬殊而被明军击溃。王骥的部队更乘胜追击，对思任发展开猛烈的攻击，烧死及溺毙数万名敌军，思任发最后仅与两个儿子狼狈逃往孟养。捷报传至京师之后，朱祁镇与王振都感到兴奋，于是下令大军在焚毁敌军据点并留下部分兵力防守之后班师回京。

瓦剌贡使人数超额　暗盘交易武器外流

原本朝廷对于瓦剌朝贡使节团的人数，很清楚地规定不能超过五十人。不过，由于使节团的费用都由朝廷支出，而且还可以顺便带货买卖或强抢民物，所以每次来使的人数都暴增。今年春天，朝廷虽然已经将名额放宽到三百人，到最后却夸张地骤增到二千多人，耗去了国库三十余万两白银。而这些使节衍生的问题还不止于耗费公帑，更麻烦的是，凡是他们经过之处多有杀掠，跟强盗没有两样，在边关索要财物不成，还会动辄挑起争端。更有证据指出，明军中有许多无赖之徒，还暗中以数千把弓换取马匹来赚钱，而镇守边关的太监在王振的庇护之下，也每年拿数十瓮的箭镞给瓦剌人以牟取暴利。军事评论家表示，瓦剌人本来就擅长弯弓射箭，但由于弓及箭镞的制造技术有限，所以在武力配置上也大大受了限制。如今竟然有人因贪其货贿，而把最重要的资源换给了瓦剌人，使得瓦剌的武力日益强盛，只怕到最后会自食其果，为此付出更大的代价。

太皇太后辞世　王振无人能治

在朱瞻基骤然离世之时，扶持朱祁镇以幼龄登上大位，使朝政能继续稳定运作的最重要人物太皇太后张氏，已于日前去世，享年六十有四。在正统初期，张太后坚拒垂帘听政，不许外戚干政，放手将政务完全委任于内阁三杨（杨士奇、杨荣、杨溥）之手，使得这段时期仍能延续着"仁宣之治"海宇升平的气象，并紧紧地压制着太监王振，让他不敢专擅大权。只是近年来张太后因为年高病重，已渐渐不问政事，才让王振的行径越来越嚣张。如今张太后离世，舆论认为将没有人能治得了王振，在皇帝的恩宠之下，未来国内势必阉党四起，乌烟瘴气。

南疆硝烟再起　大明进军缅甸
原可以和平解决　王公公执意发兵

　　去年（一四四一年）王骥率领十五万南征大军击溃麓川叛军之后，土司思任发败走缅甸。于是朝廷便下诏说谁要是能拿下思任发，就把麓川之地封给谁。最后果真被缅甸宣慰使（授予西南地区部落头领的世袭官职）卜剌当所擒获，而卜剌当也因此向明廷索要麓川之地。思任发之子思机发听到父亲被抓的消息之后，吓得赶快遣使入贡，表示臣服谢罪之意。众大臣在廷议之后，觉得这是个休兵停战的好时机，应该要加以安抚，借此稳定西南的局势。但是一直想在军事上做出漂亮成绩的王振却执意不可，硬是要派兵讨伐。于是朱祁镇便退回了思机发的贡物，再命王骥领军继续南进，而且这次野心更大了，不但要擒回思机发，还要夺得更多疆土。

太祖立禁铁牌消失　疑被王振派人销毁

　　在洪武年间，朱元璋鉴于历史上屡有宦官专权之事，对国家造成极大的危害，为了避免大明王朝也重蹈覆辙，他特别在宫门内设置一座大约三尺高的铁牌，并在上面铸"内臣不得干预政事"八个字，要求后代子孙永远警惕遵循。不过有人发现，这块太祖御制铁牌竟然已在不久前悄悄地消失不见了。据宫中不愿透露身份的人表示，在太皇太后张氏去世之后，太监王振把持朝政，更加肆无忌惮，但每次路过时见了这块铁牌就觉得格外刺眼，于是便暗中命人把铁牌取走，拿去销毁了。许多人都知道这件事，却故意装作没看见，生怕因为多说一句话而惹祸上身。

开国之初设立的"内臣不得干预政事"铁牌已被王振销毁

—— 上疏建言忤王振　刘球被杀遭肢解 ——

由于奉天殿不久前被雷击毁一角，朱祁镇便依例下诏求谏，要群臣上疏极言施政缺失。于是翰林院（职掌修史编书、文辞翰墨、皇室侍讲的核心官员储备所）侍讲（皇帝陪讲官）刘球便呈上奏疏，提列了许多建议。其中有一项说"皇帝应该亲自处理政务，不可使权力下移"，王振认为这分明就是在批评他干政，又想到这个小官员平日对自己多有不敬，所以他存心要报复，随便找了个理由把刘球关到狱中。这时候，刚好刘球的翰林院同僚董璘为了别的事入狱，王振就让自己的心腹锦衣卫指挥同知（中级官员）马顺毒刑拷打董璘，硬是让他把刘球说成是同谋，并因此而定了刘球的死罪。马顺还亲自带了一个小校，拿把刀子到狱中就把刘球的头砍了下来，然后还把他的身躯肢解，随意掩埋。而朝野大臣在听说此事之后，竟然没有人出面主持正义，反倒是全都噤声，再也不敢上疏言事了。

薛瑄不谒太监　险被诬陷论死

之前司礼监太监王振想要任用自己的同乡担任政府要职，于是大学士杨少奇便向王振推荐了薛瑄。等到薛瑄被任命为大理寺左少卿之后，杨少奇就提醒他应该去拜谒王振以示谢意，但薛瑄却坚决不去，因此得罪了王振。刚好此时王振的侄子王山与某个已故指挥使的小妾私通，想要把她纳到自己家中，但这个指挥使的原配不准，于是小妾便诬告原配毒杀亲夫，原配也因屈打成招而签了口供。薛瑄在复审时查出其中的冤屈，还给原配清白，但此事却被王振的党羽硬说成是薛瑄收贿纵囚，而把他打入狱中论死。后来是刑科三度提起复奏，兵部侍郎王伟亦全力申救，薛瑄最终才得以免去死罪，只被罢黜为民，了结此案。

修剪枝叶竟被起诉
李时勉枷号三日　数千生阙前呼喊

国子监祭酒（中级官员）李时勉之前因为申请改建国子监，所以朱祁镇命太监王振前往视察。原本王振以为李时勉会像其他官员一样，以高规格的大礼来参拜迎接他，没想到李时勉却仅以规定的礼制出面接待。这使得王振心生愤恨之意，巴不得随便找一个什么借口就来惩治他，偏偏找了老半天，都挑不出李时勉有什么过失。但王振还是咽不下这口气，便硬说李时勉修剪彝伦堂（国子监的藏书馆）树木的旁枝是"擅伐官树入家"，又妄称获皇帝授意，派人前往国子监逮捕李时勉。锦衣卫官校抵达时，李时勉还在帮学生批阅试卷。在一一唱名排定名次，

并将试卷发还给学生之后，李时勉才起身走出大堂，和两个同僚一起枷号（犯人上枷示众）于国子监门前。这时正值酷暑，李时勉等官员就这样披枷戴锁三天，人都快被搞死了，看不下去的学生便集结到皇宫前请求宽恕李时勉。其中还有一个叫石大用的学生，上疏说愿代替李时勉受罚，近三千名学生的呼声响彻朝廷。而皇太后孙氏听说有学生请愿，便派人告诉儿子朱祁镇，朱祁镇才知道王振干下了这种缺德事，立即命人去把李时勉放了。不过，令人讶异的是，皇帝对于王振假冒自己旨意，随便惩处大臣的夸张行为，居然没有任何表示。

不要动！
立刻放下武器投降！

喀！

……

得罪王振的李时勉仅因修剪花木就被判在酷暑中枷号三天

年度热搜榜

明军缅甸暂止战　专心攻打思机发

由王骥所率领的南征军团，于去年（一四四三年）冬季进逼缅甸，打算以索要思任发为由，而行吞并之实。缅甸人一方面假装应允，另一方面以楼船载思任发去窥探明军，又暗中用别的船只把他载回来。虽然王骥与沐昂兵分五路推进，但对方也聚集了不少兵力，准备和明军对抗。所以王骥最后并没有轻易发动进攻，而是改以犒劳为名，先松懈敌方的警戒心，然后再乘机焚毁他们的数百艘船。不过，缅甸人仍然坚持朝廷应遵守先前答应给予麓川之地的约定，又说不把思任发交出来，是因为怕其子思机发前来复仇。于是王骥决定先不处理缅甸这边的事情，而专心去攻打思机发。今年年初，明军直攻思机发的巢穴，大破叛兵之后，俘其家属多人，班师而还。

官二代仗势杀人
杨士奇忧惭去世

大学士杨士奇的儿子杨稷，仗着自己老爸是朝中高官，便骄纵蛮横，还犯下了暴力杀人的案件。在事情曝光之后，言官们（给事中、御史等监察官员）弹劾杨稷，朝廷为了表示对元老重臣的尊崇，决议暂不急着移送法办，而把罪状交给杨士奇自己去看。但这时又有人揭发了杨稷另外好几十件暴虐不法的案件，朝廷这才将案件全部交由司法单位一并审理。不过，朱祁镇非但没有因此责怪杨士奇，还特别降诏加以慰勉，让年事已高且有病在身的杨阁老在辞官之前感动得痛哭流涕。被儿子的事情这样一搞，原本已经很虚弱的杨士奇因过度忧虑而一病不起，并于日前与世长辞了。

叫我老爸来修理你们！

……

杨士奇因儿子恃强杀人，忧愧成疾而死

征剿捷报夸大
三卫渐行渐远

因兀良哈三卫（泰宁卫、福余卫、朵颜卫）近年来逐渐不受控制，屡屡进犯辽东，朝廷便于今年年初命成国公朱勇同太监僧保出喜峰口，兴安伯徐亨同太监曹吉祥出界岭口，都督陈怀同太监但住出古北口，都督马亮同太监刘永诚出刘家口，各领精兵万人，分路征剿。不久后，各路兵马都回奏捷报，朝廷还因此论功行赏，许多人都因此加官晋爵。不过，据随军记者传回的消息，这些捷报有过分夸大之嫌，其实都只是小小的战果而已，要么抓了几个扰边的小贼，要么把被抢走的牲畜夺回来。朝廷未加严格核实查证便加以封赏，只会变相鼓励这种不实邀功的风气，加深大明与兀良哈三卫之间的积怨和对立，逼迫它与瓦剌联手，造成日后更多的困扰。

江苏风灾水患
一千余人丧命

今年江苏饱受台风摧残，不但有些地方的大树被连根拔起，扬子江、太湖等水域还因为水涨了一两丈高，使得附近人畜庐舍无存，渔舟漂没殆尽，近海地区还有全村都已被淹没的灾情传出。据防灾中心统计，这场风灾水患总共有千余人丧生。而近日来，松江府又降下罕见的大雪，路上的积雪甚至已经深达一两丈，连当地居民也不得出入。

官员跪拜太监
官场拍马成风

在太监王振当权之后，官场上渐渐形成了一种溜须拍马的风潮，久而久之，凡是都御史以下，大小言官见到王振都要行跪拜之礼，百般奉承。日前，御史李俨在光禄寺验收祭祀物品，适逢王振经过，但是在应对时他没有下跪行礼，因此被锦衣卫逮捕下狱，并发往辽东铁岭卫戍边。

当街公布王振恶状
正义之士遭磔分尸

　　宦官王振专权的情形可以说是已经到了十分严重的地步，尽管朝中大臣没有人敢对此发表任何言论，却还是有不怕死的正义之士站出来为天下发声。日前，就有一位叫王永的锦衣卫兵卒历数王振的罪状，然后写成书，拿到通衢市街张贴，将其恶行全都公之于世。接着他又到王振的侄子王山家前面揭发其罪。不过这事可能干得太轰轰烈烈了，一下子传扬开来，马上便有人赶到现场把书状撕下，并在王山家前面当场逮捕他。刑部快速地以妖言惑众之罪将王永定罪论斩，但最后皇帝那里传来的裁示竟是立即处以磔刑（凌迟分尸），而且任何人不得再为此判决提出复奏。

士兵王永因为在当街公布王振的罪状而被逮捕凌迟

浙江干旱又疠疫　　及时祈得侍郎雨

　　浙江的宁波、绍兴等地因为长期干旱无雨，又暴发疠疫，导致许多人死亡。于是朝廷便派礼部侍郎王英前往祭祀祈福。当王英带着祭祀用品来到当地，虔诚地为民众祈祷并斋戒三日之后，竟然就真的下起了倾盆大雨，一时之间水深达两尺。当天晚上，雨停天晴、星光闪烁，然后第二天又接着下大雨，最后田野雨水充足，疫病也因此得以解除，当地的百姓都欢呼说这是所谓的"侍郎雨"。

二十万灾民入豫乞食
巡抚官于谦开仓赈灾

由于山西、陕西等地闹饥荒，二十余万灾民为了免于饿死，都涌进了河南求食。当地的巡抚于谦便上疏请求将怀庆、河南二府粮仓中的六十余万石存粮释出，减价卖给灾民，售出所得的钱钞则解送京师。在朝廷批准之后，于谦让右布政使年富依规划开仓赈灾，并组织群众，授予土地、拨给耕牛及种子，迅速安顿好所有的流民。

施政绩优有何用
得罪宦官险丢命

治理地方颇有绩效的霸州知府张需，不久前因为有宫中的宦官牧马扰民，所以便将这个宦官的部下给打了一顿。之后，这个宦官竟衔恨向大头目王振诬告，使得张需被关到锦衣卫大狱中，被打得死去活来，最后还被发配到边远之地充军，连当初推举他的顺天府府丞（地方行政长官）王铎也因此被罢官为民。

一路顺风啊！

……

治理地方颇有政绩的霸州知府张需，因为得罪宦官而被发配到边远之地充军

父亲虽被明军斩首　思机发仍据险顽抗

年底，云南千户（军事指挥官）王政奉朝廷敕命，准备动身去向缅甸宣慰使索要叛军头目思任发。但在他还没动身的时候，缅甸方面便因为天象有异变而心生畏惧，主动把思任发及其妻孥部属共三十二人交给王政。王政依指示就地将思任发斩首，然后函献京师。不过直至目前，思任发之子思机发仍然拥兵占据孟养，丝毫没有归降顺服的迹象。

宦官受赏　职位世袭

今年开春没多久，皇帝便传谕赏赐太监王振等人，并授王振之侄王林为锦衣卫指挥佥事，授太监钱僧保之侄钱亮、高让之侄高玉、曹吉祥之弟曹整、蔡忠之侄蔡英为副千户，而且全都可以世袭，开了宦官授予世职的先例。

广西傜民暴动

广西傜族居民不久前发生武装暴动，不但攻入化州，抓了知州茅自得，索取金银后放回，还杀死了千户汪义，目前声势正在继续扩大之中。

矿盗流窜福建　政府派兵镇压

由于之前禁开银矿，有许多逃民暗中以盗矿为生，为了解决这个问题，政府便于正统九年（一四四四年）重开福建银场。但矿场重开之后，并没有能遏止此风，盗矿之人不减反增。其中以叶宗留为首的矿贼更是声势浩大，聚集了数千人，还在浙江、江西、广东等边境流窜盗矿，造成地方上极大的不安。于是朝廷命御史柳华领兵前往镇压。柳华抵达福建之后，一方面遣兵分捕群盗，一方面编民为甲，在各村落设置关卡望楼，并置办兵器自卫。虽然官军在多次行动中诱捕了不少矿盗，但叶宗留率领的主力则还在各地继续流窜。

杨溥凋零
三杨已成历史

大学士杨溥于日前去世。政治分析家表示，曾经协助开创仁宣盛世的三杨，在杨荣、杨士奇相继病逝之后，内阁中因为马愉、曹鼐等都是后进之人，声望不高，所以便只剩下杨溥一人苦苦支撑，而王振也因此更加专权。如今连杨溥也死了，再也没有辈分足够的国之重臣可以出来制衡王振，往后宦官乱政的情形只怕会越来越严重。

以后是我的天下了！

年度热搜榜

宦官喜宁欺上门　张辅无奈忍吞声

在朝中素有威望，在三杨死后仍能与太监王振平起平坐的英国公张辅，日前被皇帝下诏要他归还侵吞的二十多顷民田，引发了社会上一阵热烈讨论。不过，据记者得到的资料，这二十多顷田亩，原本就是张辅名下的土地，而不是什么从百姓手中侵夺得来的田产。太监喜宁之前曾经想要借故侵吞张辅的田宅，张辅是当朝大臣，当然不肯屈从，于是喜宁的弟弟便带着阉奴殴打张辅家人的妻子，导致妇人流产而死。张辅向皇帝提起诉讼，朱祁镇竟宽恕了喜宁兄弟的罪行，只将打人的阉奴发配充军。因此喜宁便一直想找机会报复，这次还唆使青县知县（地方行政长官）诬奏张辅侵吞民田，而皇帝也仅命张辅将田产归还百姓，不问其罪。政治评论家认为，年事已高的张辅，虽然在朝中仍有

地位，但面对喜宁多次的欺侮，还是选择了把这口气吞下去以避祸。否则真的闹到最后，可能损失的就不只是二十多顷田地及名声，连整个身家性命也都难保了。

……

对于宦官喜宁多次的欺侮，年事已高的张辅选择以忍气吞声自保

矿盗集团进化　叶宗留成强盗

在东南地区流窜，以叶宗留为首的矿盗集团，近来因为连挖数坑都一无所获，无法供应手下近千人的日用所需，叶宗留便对这些跟着他四处盗矿为生的人说："我们人多势众，如果要在市街中索拿钱财的话，必定十分容易，何必窝在这山谷之间苦哈哈的，天天都挖得满身尘土，结果还不得温饱。"于

是他集结了更多人一同加入，还聘请了武师前来教授武艺，将盗矿贼进化成了一支声势浩大的武装强盗部队，并对建宁发动了攻击，将邻近地区劫掠一空，逼得官民全都仓皇奔逃。事情传开之后，邻近地区又有更多生活无以为继的人也争相加入叶宗留的集团，福建全境陷入一片动荡不安的局势。

年度热搜榜

十五万明军南征思机发

在王振的主导之下，朝廷于今年三月命都督同知（军事指挥官）宫聚佩将军印，率南京、云南、湖广、四川、贵州官军士兵共十五万人前往征讨思机发，并以兵部尚书王骥总督军务，户部右侍郎焦宏督运军饷。到了十月，明军已抵达金沙江岸，随时准备渡河发动攻击。

邓茂七福建起事

福建地区在叶宗留领导的矿盗集团坐大之后，又有许多民间武装团体也相继对官府发动了攻击。之前曾被编为甲长的邓茂七、邓茂八兄弟，因为号召沙县当地的佃农拒绝主动交田租及冬牲（米、鸭等年终馈赠礼品）到田主家，而要田主亲自派人来收取，于是就被田主一状给告到了官府那里。

县衙门派出巡检要拘捕邓茂七，结果反被杀害。接着延平府又调派了三百人前往剿捕，结果人同样都被邓茂七给杀了，甚至连巡检及知县也双双遇害。邓茂七看事情已发展至此，便宰杀白马、歃血誓众，干脆举兵造反，先后攻取了沙县、尤溪等地，自称为"铲平王"。

大兴隆寺竣工 正统皇帝亲临

崇尚佛教的太监王振，于年初役使了一万多的军民，耗资数十万两白银，将元朝初年所建的庆寿寺翻修一新。到了十月，重修工程竣工，壮丽居于京师诸佛寺之冠，朝廷还特别颁诏赐名为"大兴隆寺"。朱祁镇也应邀来到该寺，亲自传授佛法，并自称为佛门弟子，使得所有当朝显贵都争先恐后涌入寺中，一时之间佛寺竟比大卖场还要热闹。

官军征讨矿盗集团失利

七月间，都督陈诏发兵攻击停留在处州的叶宗留矿盗集团，但在双方数回合的激烈战斗之后，官军竟然落败，而陈诏也在此役中阵亡。于是朝廷又命左都督刘聚、右佥都御史张楷等率大军前往征讨。叶宗留得到消息之后，派人将进入福建的道路堵塞，并于途中设下埋伏，击杀了都督佥事陈荣、指挥使刘真、都指挥使（军事指挥官）龚礼所率领的前锋部队两千人。

—— 丁瑄策反乱党　邓茂七中伏兵败 ——

在监察御史丁瑄领命率军征剿福建的叛乱团体之后，邓茂七对延平府发动了攻击，但是几番进攻都未能顺利拿下，只好先退守陈山寨。而丁瑄则利用这个机会招降了沙县的贼党罗汝先。罗汝先等人因为得到丁瑄的优待，便想要杀死邓茂七来赎罪，于是他们自愿前往陈山寨中，以攻城之利引诱邓茂七再次进攻延平，并要官军分道设伏，以逸待劳。结果邓茂七果然中计，率领贼党倾巢而出直扑延平。此时丁瑄早已让江苏、浙江、南京之兵三面埋伏，然后让向来被贼党轻视的福建兵出城对阵。就在邓茂七下令部队登上浮桥之时，突然炮声大作，伏兵四起，官军四面围击，大破敌军，邓茂七也被指挥同知刘福斩杀于阵中。

明军渡过金沙江
立石为界震南境

由王骥所率领的南征军团在抵达金沙江之后，叛军首领思机发也在江的西岸设栅据守。于是王骥挥兵顺流而下，利用此时刚好领兵抵达的木邦、缅甸两宣慰使之兵船作为浮桥，渡江发动猛烈的攻势，并击破敌军营寨，于敌寨中意外得到积谷四十万石。有了这批充裕的粮食，王骥立即下令让部队饱餐一顿。明军在大快朵颐之后，锐气倍增，继续多道并进，尽破大小九寨营垒并斩杀无数敌军。可惜的是，最终仍让思机发逃走了。由于明军部队以前所未有的英勇渡过了金沙江，所以此役造成了南境诸部落极大的震撼。而王骥也乘此大好时机，与思任发的幼子思禄达成协议，准许他继续安居于孟养，并统辖原有的部众。双方还在金沙江立石为界，起誓说："石烂江枯，尔乃得渡。"在思禄表示畏惧臣服之后，明军便也班师回朝。

汉军有史以来首次渡过金沙江镇服南境

总算游过来了！

连年用兵卫所空虚
贵州苗民乘机造反

由于朝廷对麓川用兵，先后历时十余年，其间每次南征，都尽调云南、贵州等地的卫所兵员。几次征战下来，已是将士多死，大军未班，列卫空虚。深受战争之苦的当地民众，也因为生活无以为继，苦不堪言，而奋起反抗朝廷的统治。不久之前得到的消息显示，贵州东路已经被堵塞不通，而各处起事的苗民总数则将近二十万人。这时已班师回到武昌的兵部尚书王骥，也收到朝廷的紧急命令，命他与同征麓川的侍郎侯琎、都督宫聚、张轨等人，再次领兵前往南疆，扑灭民乱。

矿盗内讧解体
官军轻易招降

流窜于浙江、福建一带的矿盗集团，因内部纷争而产生分裂，领导人之一的陈鉴胡愤而杀死叶宗留，吞并其部众，自称为大王，并给自己取了个国号叫"太平"，然后准备领兵包围处州。但此时他听闻政府大军已陆续聚集，福建的邓茂七也已经败亡，心中开始畏惧。而官军则是以招降的手段孤立其势力，最后陈鉴胡见大势已去，便率领部众出降。

三法司会审刑案
太监地位压九卿

因为今年春夏以来天旱不雨，所以大理寺卿俞士悦上疏说旱象可能是刑狱不清所致，请求会同刑部、都察院审理刑案以消天变。于是朱祁镇便命太监金英与三法司的长官进行会审，表示只要认为判刑过重的，全都可以奏请减刑。不过记者发现，在大理寺进行会审时，太监金英居然张黄盖坐在正中间，而尚书以下的官员则于左右列坐。看来从此以后，九卿（大理寺卿、太仆寺卿、光禄寺卿、詹事、翰林学士、鸿胪寺卿、国子监祭酒、苑马寺卿、尚宝寺卿）的地位被压在内官之下，将形成一种惯例了。

这次三法司会审时的座位安排，恐怕将使太监地位高于九卿成为惯例

官员赏罚失衡　只凭王振喜恶

由于福建、浙江一带盗贼群起，在当地四处劫掠，已成为一大民患，使得武将们因忽视寇贼而遭到朝廷的责问。福建都指挥金事邓安等人为了推卸责任，就归咎于已经转职到山东的前御史柳华。刚好太监王振此时正想借着杀朝士来立威，于是便下令要将柳华逮捕下狱。柳华在收到要被收押的命令之后，不想在狱中受人折辱，便服毒自尽了。但可悲的是，他死后还被抄家，男丁全部发往边境戍边，而妇女则全数没入浣衣局（年老罢退宫女居住之所，专为皇族提供洗衣服务的内宫机构）。评论家认为，其实当初柳华的布置并无失当之处，武将不能破贼，反而归咎于文官，虐民激变的人却只被判降职戍边，丁瑄破贼立功而无奖赏，张楷避敌夺功而不诛杀，在王振的操纵之下，大明已经变成一个赏罚失衡、黑白不分的混乱国度。

贡使问题起争端　也先凶狠强叩关

瓦剌的首领也先在统一蒙古各部之后，屡次入朝进贡，而太监王振则以藻饰太平为名，赏给其大批的金帛作为回礼，甚至不管贡使们提出什么要求也全部答应。这样有利可图的好事，当然使得瓦剌的贡使络绎不绝，还出现虚报人数以冒领津贴的情形。今年春天，也先又派二千人前来贡马，但却对明廷谎称有三千人。结果这次王振发现之后十分生气，下令要礼部确实查核，不但汰除虚报人数，连贡使之请也仅允给予五分之一。之前胃口已经被养大的也先因而发怒，

也先率领瓦剌军团大举进犯

便以此挑衅，分道大举攻掠边境之地。也先率部寇大同，脱脱不花以兀良哈三卫之兵进犯辽东，阿剌知院直指宣府、围赤城，还有另外一路侵犯甘州。明朝的边防军在猫儿庄被也先攻破之后，各路守军也相继败溃，北边纷纷告急，每日来回的边报多达数十次。王振怕他的老家大同惨遭也先践踏，力劝朱祁镇御驾亲征。而兵部尚书邝埜、吏部尚书王直、兵部侍郎于谦等人，则用尽各种说辞阻止皇帝亲征。但目前看来，朱祁镇应该还是会听王振的话，亲自出马去杀一杀蒙古人的威风。

皇帝决定亲征　诸军仓促起行

朱祁镇对群臣谏止圣驾远行的进言充耳不闻，仍然听从太监王振的建议，执意要御驾亲征。于是他下诏令郕王朱祁钰（朱祁镇之弟）留守京师，英国公张辅、成国公朱勇等率领五十万官军从征，随行的文官还有户部尚书王佐、兵部尚书邝埜，以及内阁学士（侍从官）曹鼐、张益等人。据闻，曹鼐还一度抓住机会与诸御史商议，打算派一个武士在御前击杀王振，然后历数其专权误国之罪，如此才能避免让圣驾犯难赴险。只不过曹鼐话一说完，在场的几位御史竟然全都惴惴不敢响应。曹鼐又打算找张辅商议此事，却总是找不到机会，最后也只好就此作罢。而仓促就位的各路官兵，也就这样在一阵慌乱之中起行了。

战况不利急折返　王振私心绕路行

在大军前进的途中，兵部尚书邝埜仍多次进言，企图让皇帝改变心意折返京师，但此举终于惹怒了王振，他便以邝埜与户部尚书王佐首倡还师之议忤旨，让两位大臣罚跪在草丛中，一直到黄昏都不让他们起来。后来当圣驾抵达大同时，由于前方战败的消息相继传回，王振也感到惶恐不安，有了返回的念头，于是在八月初三下令全军折返。一开始王振还打算邀请朱祁镇在回程时到他的故乡走走，让他风风光光地回乡，便指示大军从紫荆关路过蔚州。但不久之后，他又想到如此一来，家乡的庄稼恐怕会遭到大军踩踏，所以又传令大军向东折行。可是这样来个大转弯，圣驾所在的中军大营就有可能被也先的部队追到，于是诸位有作战经验的大将便紧急向曹鼐反映此事的严重性，表示车驾一定要照原来的路线走紫荆关，才能确保安全无虞。曹鼐也将此事告知王振，无奈王振什么也听不进去，还是执意绕路远行。而此时，也先大军也逐渐逼近了明军。

我们不要随意践踏花木。

太棒了！

王振为免家乡庄稼被踩踏而带着皇帝绕远路

八月初十，皇帝车驾在行至宣府时，哨兵紧急来报，表示也先部队已经大举来袭，正对明军的后方部队发起猛烈的攻击。于是朱祁镇急命恭顺侯吴克忠、都督吴克勤领兵在后面拒敌。三天之后，又传回吴克忠、吴克勤二人已经奋战阵亡的消息，朱祁镇只好再派成国公朱勇、永顺伯薛绶率兵马援救。结果朱勇因为缺乏计谋，才前进到鹞儿岭就遭到敌军埋伏痛击，最后竟然全军覆没，而也先的部队也持续地紧咬不放，随时有包抄中军大营的可能。

土木堡遭敌合围　大明帝沦为俘虏

八月十四日，朱祁镇车驾行至土木堡，这时还不到傍晚，距离最近的怀来城仅仅剩下二十里的距离。原本还有机会抢在敌军追到之前进入城中坚守待援，但太监王振却因为他千余辆满载物资财货的辎重车队尚未赶到，而勒令全军停留在原地等候。当时由于也先的部队就在后面不远处紧咬不放，迅速地拉近距离，于是兵部尚书邝埜便很紧张地请求朱祁镇先驰入城，但却遭到王振怒斥："腐儒怎知军事？再啰唆就把你杀了！"然后王振就在争执之中叱喝左右将邝埜给拽出帐外，而大军也就只好在如此紧急的情况之下停驻于土木堡。过了不久，也先的部队果然追来并从四面合围，当地没有水源，明军人马又都已饥渴难忍，在向下掘了两丈深的井之后，还是不见半滴水。而南方十五里处的河流，则早已被也先派兵占据而没有办法前去取水。第二天，也先假意说要讲和，朱祁镇信以为真，便要曹鼐起草了诏书，派人随同瓦剌使者送去。这时，王振因过于紧张想离开现场，匆促下令大营开拔，结果一时之间行伍大乱，才走没多久，就被瓦剌铁骑从

御驾亲征的大明皇帝在土木堡被敌军所俘

四面攻入。就在哀号及铁蹄践踏声中，明军的尸体已经蔽塞了整片山野，而朱祁镇也在亲军突围失败之后被敌军俘虏了。护卫将军樊忠气得瞪眼大喝说："我为天下除此贼！"一锤就把王振的脑袋当场敲碎。数十万明军就这样不明不白地死在了土木堡，随行的张辅、王佐、邝埜、曹鼐等五十余名文武官员也都一并遇难。只有太监喜宁，不但看风使舵降了也先，还把朝廷的所有虚实秘密告诉了敌人。

也先逮到朱祁镇之后，便打算挟持着大明皇帝前往各城勒索财物。不过，当瓦剌军团抵达宣府并传下皇帝命令要求开门时，守城之人无论怎么说就是不为所动，一点也没有要打开城门的意思。也先只好再转往大同城下索贿，原本守将郭登也是闭门不纳，但是因为也先态度凶狠地威逼朱祁镇索要金银，而且说只要拿到钱就会把朱祁镇放回去，所以一直护卫在皇帝身边的锦衣卫校尉（低级官员）袁彬，便急得以头猛撞城门并呼天抢地地大声喊。郭登看不下去，只好命人以飞桥将之缒入城中，然后紧急在城内筹措赎金。之后郭登等人出城拜谒皇帝，一面伏地痛哭，一面把好不容易筹集来的二万多两黄金献出。而朱祁镇则是转手就把所有的黄金乖乖地交给了也先，然后又被挟持而去。结果赎金没了，肉票还是肉票。

大树倒时猢狲散
王振党羽遭殴死

皇帝被俘的消息传回北京之后，为免事有不测，众臣便在孙太后的许可下将年仅两岁的朱见濬（朱祁镇长子）立为皇太子，并改名为朱见深，但仍由郕王朱祁钰代理朝政。第二天上朝时，诸大臣哭喊着要求尽诛王振全族以安军民之心，而王振的党羽、锦衣卫指挥同知马顺则像往常一样跳出来护主，大声呵斥众人退下。这时候，户科给事中王竑与刑科给事中曹凯一见到阉党又出来张牙舞爪，便气得冲上前去揪住马顺的头发，狠狠地咬住他的肉说："你过去帮助王振为恶，倚仗着他作威作福，今日事已至此，还怕你不成！"众人一听，全都拥了上去围殴马顺，一下子就把他乱拳打死了，之后又把王振另两个心腹宦官也一并打死。还把王振之侄王山也绑来跪在廷下，众人争相唾骂，整个殿堂可以说是乱成一片。没见过这种场面的朱

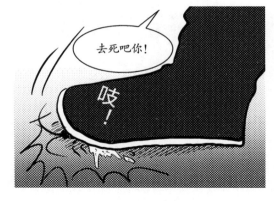

祁钰有点被吓到了，想要离开现场，但这时已被任命为兵部尚书的于谦迅速上前将他扶住，并请郕王宣谕百官说："马顺等人罪本当死，动手之人皆不论罪。"这才使得众人渐渐地安定了下来。朝廷便下令将王山绑赴市街磔死（凌迟分尸），王振族众则无论老少皆斩。同时查抄王振的家产，总计有金银六十库，玉盘数以百计，珊瑚高六七尺者二十株，其他各种珍玩无数，数量之多，让所有人傻了眼。

99

由于皇帝遭到也先挟持，群臣在商议之后就请求孙太后让郕王朱祁钰继承帝位，孙太后也觉得这样比较好，便依诸大臣之议颁下了懿旨。朱祁钰闻讯，吓了一跳，不但再三辞让，还躲回了郕王府邸。于谦再三劝他说："臣等是为了国家担忧，并非为了私人着想。"刚好这时出使瓦剌归来的都指挥使岳谦也说他带回了皇帝口谕，称宗庙之礼不可久废，要让弟弟郕王继承帝位以供奉祭祀，朱祁钰才点头答应。于是在九月初六，朱祁钰（明代宗，明景帝）登上了皇帝之位，建元"景泰"，遥尊朱祁镇为"太上皇"。

这不是做梦吧？

也先进犯北京
于谦列阵抗敌

瓦剌首领也先见大明重新立了皇帝，他要挟赎金的计划已经没有办法实现，便干脆挟持朱祁镇大举进攻北京。刚登上大位的朱祁钰在得报之后，紧急传令诸王派兵入卫京师，并命兵部尚书于谦提督诸营，所有将士皆受其节制，凡是都指挥使以下不听从命令者都可以先斩后奏。于谦认为也先兵势太盛，绝对不可示之以弱，便分遣诸将率兵二十二万，列阵于京城九门之外。于谦则亲自坐镇于城外，下令九城城门紧闭，士卒于门外拒敌，以绝其反顾之念。同时传下军令："临阵，将不顾军卒而先退者斩其将！军卒不顾将帅而先退者，后队斩前队！"将士们知道这次再也没有退路了，便抱着必死的决心，准备与敌人一决生死。

瓦剌兵败撤围
北京解除危机

十月十一日，也先大军兵临北京，并列阵于西直门外，一面与大明守军进行激烈的攻防战，一面索要大批金帛作为议和的条件。虽然廷臣之中也有人想要议和，但兵部尚书于谦却斩钉截铁地说："今日只知有战事，其他的事都不是我敢听的。"也先见议和不成，便派兵四处窥掠。十三日，于谦命大将石亨于空民房中设伏，又派出数名骑兵引诱敌军。就在也先以万骑逼近之时，明军伏兵骤出，神机营火器齐发，各部队也发起攻击。最后瓦剌部队溃败，连也先之弟也死于炮火之下。也先作战不利，进攻居庸关的另一支部队也传来兵败的消息。他在收到各地勤王部队将要赶到的情报之后，为免被截断退路，便乘夜拔营撤兵，挟着朱祁镇往北逃遁而去了，而北京城的危机也就此解除。

第 二 章

夺门换主　万妃专宠

（公元一四五〇年～一四八七年）

▶ 太上皇历劫回宫
　两兄弟相见落泪

▶ 石亨于谦辞职皆未获准
　嫌隙已生朝廷出现隐忧

公元一四五○年 **公元一四五一年** **公元一四五二年** **公元一四五四年**

▶ 都是面相惹的祸
　广通王谋反失败废为庶人

▶ 建议朱见濬复储
　钟同与章纶被捕入狱

▶ 心急吃不了热豆腐
　鼓动下属联名保奏
　石彪反遭皇帝猜忌

▶ 湖广苗民武装起事

公元一四五五年 **公元一四五八年** **公元一四五九年** **公元一四六○年**

▶ 锦衣卫四处侦缉
　掌控大臣情报

▶ 从天堂到地狱
　石亨判死抄家

▶ 特务当权　司法已死
　门达得势　袁彬受诬
　杨埙申冤

▶ 曹钦兵败投井而死
　太监吉祥谋反被杀

公元一四六一年 **公元一四六二年** **公元一四六三年** **公元一四六五年**

▶ 鞑靼大玩两手策略
　河套一带永无宁日

▶ 西南动乱扩大
　朝廷发兵镇压

▶ 番僧得宠
　待遇与亲王同级
　真人、高士满天飞

▶ 白圭兵分四路进逼梅溪
　刘通兵败被俘

公元一四六六年 **公元一四六七年** **公元一四六八年** **公元一四六九年**

▶ 官府贪渎徇私
　义军散而复聚

▶ 哥就是任性！
　国舅乞地贪得无厌
　皇帝放任侵吞民田

▸ 胡萝卜与大棒
项忠智取百万义军
成功镇压湖广起义

▸ 鞑靼三部远出劫掠
后方反遭明军扫荡

公元一四七一年　**公元一四七二年**　**公元一四七三年**　**公元一四七四年**

▸ 新任太子
惊传死讯
万贵妃涉嫌教唆杀人?

▸ 四万工役历时三月
延绥千里城墙竣工

▸ 朱祁钰获得平反
景皇帝恢复称号

▸ 辽东激民变
汪直欲领军
马文升恐引杀身之祸

公元一四七五年　**公元一四七六年**　**公元一四七八年**　**公元一四七九年**

▸ 流民再次聚集
朝廷启动安置机制

▸ 汪直无耻袭杀贡使
女真复仇发动猛攻

▸ 未见鞑靼犯边
明军主动出击

▸ 皇帝眼睛业障重?
太监横行　无法无天

公元一四八〇年　**公元一四八一年**　**公元一四八二年**　**公元一四八三年**

▸ 司法改革大开倒车
会审排除阁臣
改由宦官指导

▸ 继晓册封为国师
其母表彰惹争议

▸ 梁芳勾结万妃欲换太子
适逢泰山地震不了了之

公元一四八五年　**公元一四八六年**

▸ 又是宦官诬告害命
陈选受屈枉死道途

年度热搜榜

【明·景泰元年】公元一四五〇年

也先率铁骑进逼大同　郭登撼敌军主动出击

瓦剌首领也先去年在北京城被明军击退后又重整旗鼓，再次率领数千骑兵进逼大同。大同总兵郭登一改以往明军丧家犬般的表现，面对来袭的强敌仍霸气地提剑上马，头也不回便率直属部队往敌营冲锋，全军因此受到激励，一时之间喊杀声撼动整个山谷。瓦剌部队没有料到一向怯懦的明军会主动出击，数千名精锐骑兵竟反被为数仅八百的明军击溃。之后郭登又乘胜追击了四十里，最终砍下二百余颗首级，并夺回不少被掳走的人口及牲畜，明军也因此役而士气大振。

新闻回顾

去年（一四四九年），瓦剌大举进犯，朱祁镇在太监王振的怂恿下御驾亲征，却在土木堡沦为俘虏。群臣为免被俘的皇帝变成谈判筹码，在孙太后同意下，让郕王朱祁钰登上皇位，遥尊朱祁镇为"太上皇"。瓦剌首领也先发现大明皇帝已经换人，要挟巨额赎金的美梦宣告破灭，便下令全军倾巢而出，打算一举攻破大明的首都北京。北京方面虽有不少官员想付出天价赔偿金与瓦剌议和，但在兵部尚书于谦的强力主导下，决定奋战到底。一番激战后，明军逆转形势，击溃敌军。也先为免被截断退路，便挟着朱祁镇连夜撤军，暂时解除了北京城的危机。

上皇暗中策划　太监喜宁伏法
在野狐岭被擒后　押至北京处以车裂之刑

多次献计引导敌军的叛逃太监喜宁，终于在不久前被设计擒获，并被押往北京处以车裂之刑。据可靠消息，这次行动是由被俘的太上皇朱祁镇暗中策划。他知道也先想要的是金银宝物，便假意说可以派喜宁回国索要。也先一听说又有好处，便毫不犹豫地答应了这个提议。但其实在喜宁出发前，朱祁镇早已写好一封密信交给亲信部将，要他随同喜宁一同前往时暗中联络宣府守将设计擒拿叛徒。结果当喜宁行至独石并被诱骗到野狐岭时，早已等候多时的伏兵便一拥而上，终于将这个害人不浅的宦官逮捕，并送回北京正法。

也先意欲停战
上皇可望获释

也先在叛宦喜宁被正法以后，失去了了解敌情的人，加上又多次被大同总兵郭登等将领击败，便萌生了罢兵停战的想法，并派出使者议和。据本报得到的最新消息，也先已经明确地表示愿将太上皇朱祁镇送回，接下来就等明廷的回应了。

太上皇归国生变　新皇帝态度消极

原以为归国有望的太上皇朱祁镇恐怕要失望了。刚坐上皇位不久的朱祁钰，生怕被俘的皇兄从敌营回来后，他这个皇帝就再也没得当了，所以对此事便一直消极拖延，过了很久都没有采取任何动作。最后是王直及于谦等大臣一再纠缠建议，才勉为其难地派遣右都御史杨善前去与也先商议相关事宜。不过杨善在临行前发现，在皇帝给也先的敕书中，竟然没有半个字提到说要迎奉太上皇回来，甚至连太上皇所需要的御用衣物及生活用品也没准备，到最后还得杨善自己花钱去买。从种种迹象来看，要不是碍于群臣的压力，朱祁钰可能还是希望老哥永远都不要出现。就算也先有意要将朱祁镇放回，但在新皇帝的消极态度之下，一切恐怕都还是充满变数。

新皇帝对迎回太上皇一事似乎兴趣不大

太上皇历劫回宫　两兄弟相见落泪

在外界不看好的情况下，杨善完成了不可能的任务，成功将太上皇朱祁镇迎奉回国。新皇帝也于八月十五日在东安门迎接并行了拜见礼。两人还相拥落泪，互相表示要让出皇位。最后朱祁钰恭送太上皇到南宫，再率百官行朝见礼，结束了这次令人感动的真情接驾仪式。

一切都是假的！ 太上皇南宫遭软禁

一份由高层流出的密件显示，之前两皇相互谦让，落泪相迎的迎接仪式，根本只是演出来的假象。原本礼部尚书胡濙拟定的迎接仪式是派官员到龙虎台奉接，锦衣卫准备好天子车驾到居庸关等待，文武百官则分别到土城外及校场门迎接。然后太上皇从安定门入城，进东安门再东上北门面南而坐，由皇帝行谒见礼，完毕之后由百官依次朝见，最后太上皇进入南城的大内宫殿居住。不过皇帝却裁示只要派一轿二马到居庸关迎接就好，到了安定门才改换天子车驾。虽然有官员认为这样太草率，建议应当仿效当初唐肃宗李亨迎奉太上皇的礼仪，由皇帝亲自到安定门迎接，但全都被皇帝否决，并且皇帝很不高兴地要群臣不可再妄加改动。更夸张的是，目前居住在南宫的太上皇已被锦衣卫严密看守，宫门不但上锁，还灌上了铅，食物也仅能由小洞递入，根本有如被软禁一般。种种迹象显示，迎奉太上皇这件事目前算是告一段落，但接下来两兄弟之间，会不会为了这个仅能坐下一个人的大宝之位而有什么后续动作，值得各界观察。

年度热搜榜

都是面相惹的祸　广通王谋反失败废为庶人

　　广通王朱徽煠（朱元璋孙，朱楩四子），听信家人段友洪所说他面相可为天下真主，便信以为真，于是自拟敕书，派段友洪等人带着银印、金币前往苗族各部落要他们出兵相助造反。苗族部落虽然身处偏远之地，但近年来与汉人频繁接触，也渐渐明白事情并不单纯，所以并未如其所愿地派兵攻击大明官军。事情传开之后，岷王朱徽煣（朱楩次子，朱徽煠之兄）为免受到牵连，便派人逮捕了段友洪。而有帝王之相的朱徽煠随后也被押解至京，以谋逆之罪废为庶人。

广通王因为听信人家说他有帝王之相而打算谋反

年度热搜榜

还是亲生的好…… 皇帝下诏换太子

大明皇帝朱祁钰日前正式发布诏令，废去朱见濬太子之位改封为沂王，另册立年仅五岁的皇子朱见济为皇太子。土木堡之变（一四四九年）发生后，皇太后为了稳定民心，便下令朱祁钰监国，以朱祁镇之子朱见濬为皇太子。但是朱祁钰登上宝座后，却开始把心思放在怎么把朱见濬从太子之位上给拉下来，然后让自己的儿子朱见济取而代之。只是这种事过于尴尬，所以他一直难以启齿。恰巧因其他案件被关的前浔州军官黄𬭎上了一道奏疏，极力建议应当早日更易太子，以杜绝日后可能衍生的祸患。这份奏疏打动了朱祁钰的心，他庆幸万里之外，竟然还有这样的忠臣，

便命礼部尚书胡濙召集群臣讨论。大部分的官员知道皇帝的意向之后，都不敢发表什么意见，于是太监兴安便要群臣署名表示赞同，然后正式下诏更换太子。由于汪皇后在此事件中持反对意见而惹怒皇帝，结果竟遭到废黜，新太子的生母杭氏也顺势被册封为皇后。

小档案　　杀人魔黄𬭎

原为浔州守备都指挥使（军事指挥官）的黄𬭎，先前为谋取浔州知府的职位，竟然杀害同父异母的弟弟黄矮和黄矮的儿子，分尸后还放入瓮中埋藏在自家庭院，在被人告发后遭到逮捕。为求脱罪，他派遣心腹带着重金从广西到京师行贿。经高人指点，教他上疏迎合皇上之意，首倡易储之说。这招果然有用，他不但替皇帝发了声，也成功地让自己被赦免。

提升京军战力　团营新制上路
三大营中挑选十万名精壮军士　分五个营团操练

虽然也先目前暂时和大明达成停战协议，太上皇也已经被放回来，但兵部尚书于谦认为不能存着侥幸之心，以为蒙古铁骑从此便不再进犯。为了提升京师军队的战斗力，革除以往兵士与将领平日互不熟悉，战时彼此不知的弊病，于谦提出"团营法"：从京军三大营中挑选

十万名精壮军士，分为五个营团操练。以五十人为基本单位，每一百人为两队，由领队官率领，每千人设一把总（军事指挥官），五千人则有都指挥使。平时依此体制操练，实际作战时再依敌军之多寡而弹性调整。日前皇帝已同意此议，下诏由于谦、石亨以及太监刘永诚、曹吉祥提

督，正式实施新的团营制度。如果一切顺利且成效良好的话，将在实行一年后再从原本的部队抽调五万兵员，与之前设立的五营合并为十个营。未来每个营设都督一人，统领三个都指挥使共一万五千人的兵马。其余未被抽调至团营者则归本营训练，改称为"老营"，以作为护卫京师之用。

贪念害人　窃犯诬告害死失主

两皇帝之间的紧张关系，竟使一宗单纯窃案滚成生死大案。太上皇朱祁镇被软禁之后，大部分官员都能躲则躲，只有御用监（宫廷器物造办处）少监阮浪不离不弃地在旁服侍，太上皇便赐给他一套镀金绣袋及镀金刀。阮浪拿到这么贵重的东西之后，为了讨好长官便转手送给太监王瑶。而锦衣卫指挥使卢忠无意中发现王瑶身上的这组刀、袋价值非凡，动了歹念，将王瑶给灌醉后把刀、袋偷走了。但卢忠拿了东西之后又不安心，生怕哪天被王瑶发现，于是一不做二不休，命部属提出不实指控，诬告阮浪是受了太上皇之命，用镀金刀、袋来笼络王瑶。原本就一直提防着的朱祁钰一听到这消息果然大怒，马上将阮浪、王瑶逮入"诏狱"拷讯，并传唤卢忠出来作证。卢忠没想到诬告别人的结局是自己也被卷进去，为免东窗事发，便假装发疯以求免去罪责。内阁大学士（高级官员）商辂与宦官王诚建议皇帝不要听信卢忠的疯言疯语，伤了兄弟之间的感情。最后卢忠被谪戍广西，王瑶、阮浪则惨遭诛杀。

我东西被偷了，怎么反而被关？

也对，那就不关了，改判死刑

名词解释

诏狱

即北镇抚司狱，也称锦衣卫狱。受诏命以严刑拷打来审问罪犯，直接为皇帝服务，其判决的权威性甚至高过掌握定刑权的三法司。

新闻分析 石亨于谦辞职皆未获准 嫌隙已生朝廷出现隐忧

在皇帝发布新人事令，让兵部尚书于谦全权总督团营事务后，引发重量级大将石亨不满，他上疏请辞表示抗议。于谦明白石亨此举是冲着自己而来，为了避免内部分裂，也请求解除自己总督之职，让石亨负责团营事务。不过皇帝对两人都好言慰留，暂时安抚了双方不稳定的情绪。熟悉内情者表示，其实一开始，石亨十分清楚自己在京城保卫战中能击退也先大军，立功封侯，都是靠着于谦指挥若定的缘故，所以在当时便大力推荐于谦之子赴京任官。但没想到为人正直的于谦居然上疏辞谢，让石亨颇觉尴尬，因此种下嫌隙，导致这次他不愿屈居于谦之下的情况。除了他对于谦心怀怨恨外，许多怯懦的大官及那些没有建树的皇亲国戚，也对于谦直来直去、讲求实效的行事风格感到不满，常用各种方式加以诽谤。朱祁钰深知于谦是为国忘己才遭诋毁，所以仍处处优待他并委以重任，对他的信任并没有动摇。但在强敌虎视眈眈之际，重臣之间的不和恐怕将是国家的一大隐忧。

年度热搜榜

天理何在！

灭门分尸　黄𬬭步步高升
心灰意冷　李棠回归故里

之前因杀死弟弟全家并分尸而被捕入狱的杀人魔黄𬬭，上疏建议更换太子之后大翻身，从待罪狱中的杀人囚犯，变成了被皇帝钦点免罪，并风光乘坐驿站车马进京面圣的大忠臣。朱祁钰召见他后，觉得他机智勇敢又有谋略，竟然钦点他为前军都督府都督同知，并赐给他一座位于京师黄金地段的豪宅。而当初负责审理此一灭门血案的广西巡抚李棠，则对于坏人逍遥法外，司法正义不得伸张而心生倦念，因而上疏辞职，失落地回归故里。

救灾为先！王竑开仓赈济　事后上疏请罪

得知淮安、徐州一带发生饥荒后，金都御史王竑紧急前往赈济。王竑抵达现场后，发现山东、河南等地的饥民也因家乡粮荒而逃难至此，便把广运仓的储粮发给灾民，却遭到管理宦官的强烈反对。两人为此相持不下，最后王竑态度强硬地撂下狠话："饥饿的灾民很快就会变成强盗，你如果还是坚决反对，等到发生变故时，我第一个就将你斩首，然后我再自己请死。"宦官吓得魂不附体，当下答应开仓赈济，王竑也同时上疏自行请罪。法律界专家表示，如果这项未经奏请便擅自开仓的罪行成立，王竑要面临的恐怕就不只是牢狱之灾了。

也先再次弑主　自称田盛可汗

来自蒙古的消息指出，在也先拥立下而成为傀儡大汗的阿噶多尔济，八月间突然惨遭杀害，痛下毒手并尽灭其族的凶手，就是当初把他扶上大位的也先。不久，也先自称"大元田盛大可汗"，派遣使节进献骏马，寻求大明王朝的认可。朱祁钰与朝臣商议之后，同意依循蒙古习俗称也先为"瓦剌汗"，正式承认其身份。

"生我者父母，活我者巡抚"　灾民感念王竑救命之恩

朱祁钰收到王竑因擅自开仓赈济而自行请罪的奏疏之后，不但没有加以治罪，反而批准他提议的有罪之人纳粮赎罪，以补储粮之不足的建议，还派人带着国库的银两奔赴灾区，交由他全权处理。王竑在得到皇帝的大力支持后，亲自深入灾区巡视。他还要求淮河上下游的商船，根据船的大小，出米做粥供应饥民，又劝富户捐出粮钱布匹分给受灾户。据统计，他前后救活了二百一十余万人，并给予耕牛、种子，辅导了将近八万人，让他们恢复原本的职业，安抚了一万零六百余家流民。为生病的人提供免费药物，已死的则发给棺木掩埋，卖儿卖女的由官府出钱帮他们赎回，想返回原籍的则给予路费。种种的措施，使得灾民都高兴得忘了自己仍在挨饿，还编了个"生我者父母，活我者巡抚"的顺口溜，来歌颂这位为了救灾不惜以身涉险的好官员。

王竑为了紧急赈济灾民，冒险在未取得朝廷同意的情况下直接开仓放粮

年度热搜榜

哥就是火！
倡易储黄𬭸得恩宠　贪民田皇帝不追究

　　虽然新太子朱见济（朱祁钰之子）已于去年（一四五三年）十一月病逝，但首倡易储之说的黄𬭸，受朱祁钰宠信的程度却丝毫未减。据了解，黄𬭸不久前又上疏请求皇帝将霸州、武清等处共六七十里所谓的无主土地赐给他。虽然有官员立即为此上疏请求严惩，但朱祁钰也只是派遣官员前往勘查，看看黄𬭸所请之地是否真的是无主地。结果一查，发现全都是百姓的合法田产，黄𬭸此举等同于欺君罔上，骗取皇帝下诏让他侵夺民田。户部再次请求严加惩治，但因为黄𬭸目前还是皇帝面前的红人，此案最后还是不了了之。

建议朱见濬复储　钟同与章纶被捕入狱

　　新太子朱见济的去世，让曾是太子的沂王朱见濬（太上皇朱祁镇之子，皇帝朱祁钰之侄）仿佛看见一道重回皇储的曙光。而许多一开始便不赞成更换太子的官员，此时也再次燃起了希望，御史钟同、礼部郎中章纶等人日前便分别上疏，建议尽早恢复朱见濬的皇太子身份。然而丧子之痛至今尚未释怀的朱祁钰，一看到这样的建议，悲伤的情绪立即转化为熊熊怒火，顾不得当时夜深，宫门也早已紧闭，硬是派人将圣旨从门缝塞出，下令立即逮捕钟同、章纶二人，连夜将其关押到锦衣卫狱中严刑拷打。

皇帝大怒之下不顾深夜宫门紧闭，将圣旨从门缝递出，下令半夜抓人

年度热搜榜

【明·景泰六年】公元一四五五年

新闻分析　官员奉诏建言　多嘴换来丢官

　　每次只要有了什么天灾异变，当皇帝的总是会像煞有介事地颁下诏书，要群臣针对朝政缺失提出建言。这次，御史倪敬等人，也绞尽了脑汁，把近来朝廷的诸多缺失都给列了出来，包括不应无故拿国库的钱乱赏赐、不要常常出外游玩、不要沉迷飨宴及各种娱乐、应停止大兴土木劳民伤财，还提到章纶、钟同两人之前直言进谏被关一年多，也应该加以释放。皇帝看到这份奏章后，虽然表面上没有说什么，但其实心中超级不爽。怎么证明呢？因为过了没多久，联名上疏的倪敬等十六人，便在官员考核的时候被罢黜了。

说得好啊！把名字给我记下来，有机会再好好奖赏！

湖广苗民武装起事

　　数年前曾经打算发动武装叛变的广通王朱徽煠（朱元璋孙），虽然事败被捕，但他号召苗民的行动却也在湖广一带产生了影响力。当地的部落领袖蒙能，受到启发及鼓动，也有了反抗的意识。他成功地号召了三万多个武装苗民之后，开始向邻近地区发动攻击，目前已经攻陷好几个县城，并以"蒙王"的称号持续扩张势力。由于地方驻军多次出动都未能成功镇压，为免情势日益严峻，朝廷已于不久前命南和伯方瑛为平蛮将军，带领大军前往镇压。

廖庄面圣勾起皇帝旧怨
牵连钟同受杖惨死棍下

　　南京大理寺少卿廖庄，因母丧到京师办理手续并朝见皇帝，但朱祁钰一见到他，便想起他去年曾经建议皇帝应当时常去南宫向太上皇请安，并把朱见濬当作自己的亲生儿子，聘请良师教导。朱祁钰越想越气，当场下令罚廖庄廷杖八十，贬到定羌当驿丞（驿站站长）。皇帝的近侍又投井下石，提醒此事是钟同等人首先提出，朱祁钰更为恼怒，赐下一根巨棒，下令在狱中狠狠杖打钟同及章纶。钟同不堪毒打当场惨死，而章纶则是被打得血肉模糊之后继续关押在诏狱。

年度热搜榜

【明·景泰七年】公元一四五六年

又见靠爸族 儿子落榜老爸不满　阁臣挟怨报复考官

每次考试放榜时总是几家欢乐几家愁，今年的顺天乡试，内阁大学士陈循之子陈瑛、王文之子王伦便双双落榜。结果这两位父亲竟然不是安慰自己的儿子或要他们在学业上更加精进，而是仗着自己是阁臣，极度不满地指控考官刘俨、黄谏阅卷不公，还要求比照洪武三十年（一三九七年）考试案，将考官处死并重新举办考试。皇帝收到指控后便命礼部会同大学士高谷复阅试卷，以厘清当中是否有舞弊。高谷在翔实地调查之后，回报说已经录取的试卷中，陈瑛、王伦的只能算是中等，全部的试卷除了第六名林挺没有给评语这项疏失外，并没有任何徇私舞弊的现象，建议不应加罪于考官。皇帝为求两全，便裁示直接赐陈瑛、王伦为举人，让他们具有参加会试的资格。已经上榜的举人中，只下诏刷掉林挺一人，其他均不再议。这件事虽然就此落幕，但行事公正的高谷，却也因此得罪陈循、王文，如此一来，使得阁臣间更加无法齐心协调，进而影响政策的推行。

混蛋！你不知道这是我宝贝儿子吗？居然敢把他刷掉……

长官……他长得跟你一点也不像啊……

传染病肆虐　死亡数飙高

今年许多地方都暴发了严重的传染病，其中黄梅总计有三千余人死于瘟疫，其中还有一家之中就有三十人死亡的，因病灭绝的也有七百余户。桂林的疫情则更加严重，到目前为止死亡人数已经超过两万人。但各级卫生单位目前仍然没有任何具体的作为，疫情的失控着实令人担忧。

方瑛领军成功镇压苗兵

去年（一四五五年）率领苗民发动武装起义的蒙能，在不久前对平溪卫发动攻击时遭到官军顽强抵抗，并在战斗中被火枪击毙，让一度声势浩大的苗军陷入混乱之中。受命南下征剿的方瑛于是乘胜进兵沅州，并连破一百一十余寨，扫清了起义军的主力，预计再过不久便可以完全荡平这场起义。

年度热搜榜

变天！夜半钟鼓齐响　太上皇重登宝座

已经卧病一段时间的朱祁钰，在元月十六日传出病情好转，并将于隔日临朝听政的消息。文武百官也在当天深夜穿戴整齐，聚集在宫殿之外准备上朝。但就在众人于冷风中闲聊的时候，忽然宫内呼喊万岁之声四起，原本闹哄哄的广场一时间变得鸦雀无声，因为这并不是皇帝平常上朝会有的固定程序。不久，齐响的钟鼓声划破了夜空的寂静，各门也同时大开，左副都御史徐有贞（原名徐珵）从里面走出来，向所有人大声宣布："太上皇已经复位，所有官员即刻入内朝贺。"于是还摸不着头脑的官员们就这样鱼贯而入。根据当时在场的官员表示，进去后只见太上皇朱祁镇早已安坐在皇帝宝位之上，并对所有跪拜着的官员说："景泰帝（朱祁钰）有病，迎朕恢复帝位，所有人一切照旧任职办事。"接着徐有贞领头跪下行参拜大礼，茫然的官员们也稀里糊涂地跟着高呼万岁，大明的皇帝就这样又换了人。

还是这张龙椅坐起来舒服！

夺门之变　现场直击
朱祁钰病重未立太子　石亨徐有贞发动换主

大明一夕变天的"夺门事件"真相终于曝光。朱祁钰病重之时，召提督京师团营的石亨到榻前，命他代行南郊大祀之礼。石亨见皇帝病重，而皇太子又尚未确立，便与宦官曹吉祥、前军都督张𫐄、左都御史杨善、太常寺卿许彬，及徐有贞等人商议，决定拥立太上皇恢复帝位以巩固自己的政治地位。当天夜里，掌管皇宫钥匙的石亨先打开了长安门，把张𫐄率领的兵卒放入宫中，然后再紧闭宫门以阻止外来兵马。接着徐有贞与张𫐄等人前往南宫，并破墙而入，拜见朱祁镇表明要拥立他重登皇帝之位。之后朱祁镇便乘轿往东华门前进，守门的官员一看轿内坐的是太上皇也不敢加以拦阻，于是一行人就这样顺利地进宫到奉天殿入座。在徐有贞等人晋见朝贺，连呼万岁后，便吆喝不明就里的众人入内参拜，最后造成太上皇受到百官承认而复位的既成事实。而当时还躺在病床上的朱祁钰，在听到钟鼓声并弄清楚是怎么一回事之后，也只能无奈地连说了几声"好，好……"，被迫接受这个残酷的事实。

读心术判案？
于谦被控谋逆　竟以"意欲"定罪

左副都御史徐有贞兼内阁大学士，加兵部尚书衔

石亨封忠国公
张轨封太平侯
张𫐐封文安伯
杨善封兴济伯
曹钦为都督同知

钦此

大明皇帝 朱祁镇
天顺元年

以夺门之功抢进权力核心的徐有贞及石亨等人，为了巩固自己的政治地位，在第一时间便教唆监察官员，以"谋立亲王之子入宫继承皇位"的罪名，弹劾兵部尚书于谦及大学士王文。但事实上在事变当天，于谦等人便已经拟好了建议恢复沂王朱见濬为皇太子的奏章，只是奏疏尚未送入，惊天之变就发生了，所以在查证之后当然找不到半点证据。不过徐有贞等人一心想要置于谦于死地，便以"意欲"二字附会成罪。也就是说，于谦虽然没说也没做什么违法之事，但承审法官认为他心里有这种意图，所以就构成了谋逆大罪，必须处以极刑。但据说，朱祁镇认为于谦在当初的京城保卫战中确实立下不世大功，所以也不忍将其处死。

徐有贞找不出可以定于谦罪名的证据，最后竟以"意欲"谋反定罪

116

世纪大冤案！ 于谦王文被斩首弃市

原本对于谦"意欲"谋逆一案犹豫不定的朱祁镇，在徐有贞坚持"如果不杀于谦，夺门就师出无名"的说法下，终于狠下心来大笔一挥，下令将于谦、王文斩首弃市，两人的儿子也都充军边疆。值得一提的是，在查抄于谦家产时，执行官发现他家中根本没有多余的钱财，只有正室门户的锁做得特别坚固。原本以为金银财宝全藏在这里，结果打开一看才发现里面只有皇上御赐的蟒衣剑器，其他的什么也没有。据闻，

行刑当天，天上乌云四蔽，天色异常。虽然所有人都知道于谦是被冤枉的，但最后他还是被推上了刑场。当时有位曹吉祥的部下，名叫多喇，因感叹于谦冤死，顾不得上司和于谦是死对头，行刑之后便在原地用酒祭奠死者，并痛哭不已。曹吉祥知道后十分生气，就用鞭子抽打多喇，但第二天多喇照样又去以酒祭奠于谦。于谦过去举荐的都督同知陈逵，也不怕受到连累，主动安葬没有人收拾的尸骸。

大明二帝尴尬并立　压力过大太子口吃

夺门之变过后十几天，朱祁镇才忽然想起他居然忘记废掉朱祁钰的皇帝之位，结果形成了北京城内同时有两个皇帝的尴尬情况。但如果自己出面废掉另一个皇帝又怪怪的，为了避免留下夺权争位的形象，便紧急将母亲大人抬了出来，宣称依皇太后的命令，废除朱祁钰的帝位称号，恢复郕王的旧称并让其迁居到西内。同时将朱祁钰的生母皇太后吴氏贬降为宣庙贤妃，废皇后汪氏为郕王后，改怀献太子朱见济（已于景泰四年，一四五三年夭折）为怀献世子。但对于把使用了八年的景泰年号全部抹掉的建议，他倒是没有同意。不久将沂王朱见濬的名字改为朱见深，并再次册立他为皇太子。不过朱见深在经历了重复废立太子的巨大压力之后，已经出现严重口吃的状况。

哈哈！高兴到忘记做这件事了！

我还以为要让我继续当皇帝呢……

战斗力归零　范广丧命　京军团营遭废除

于谦被徐有贞等人害死之后，之前他所举荐的许多官员也都遭到波及，如行事一向正直，担任石亨副手的范广，就因为多次规劝石亨不要违法渎职而遭怀恨。加上他与张轨之间多有嫌隙，时常相互攻讦，之前因有于谦在，彼此间的矛盾并没有爆发。但现在石亨、张轨等人倚恃着夺门之功，诬告范广依附于谦，谋划迎立外藩世子继承帝位，因而被捕入狱，惨遭斩首。于谦和范广相继死后，之前于谦所制定的团营之法，也跟着被废除，好不容易才提升的京军战斗力如今面临下滑的危机。

在于谦及范广死后，京军的战斗力已经大幅下滑

死后算账！　逊帝朱祁钰病逝　被赐"郕戾王"恶谥

夺门之变发生一个月后，一直卧病在床的郕王朱祁钰终于病逝。朱祁镇一想到他当初不但抢了自己的皇位，还把自己软禁在南宫，便满心怨恨地赐了个"戾"的恶谥给他，封他为"郕戾王"，表示他终身为恶而且死不悔改。还下令拆毁朱祁钰生前为自己营建的寿陵，改按亲王之礼葬在北京西山，同时命朝臣研议将他的王妃全部殉葬，其中也包含了前皇后汪氏。不过内阁大学士李贤则认为汪氏早已被废除皇后之位且幽禁多年，加上她的两个女儿也还年幼，处境十分可怜，所以建议将她排除在殉葬名单之外。皇太子朱见深也因汪后劝朱祁钰不要更换太子，为了支持他才惨遭废后，所以一同出面向皇帝求情。最后朱祁镇裁示，将汪氏从殉葬名单中剔除，但妃嫔唐氏等人仍难逃陪葬的命运。

病逝？他杀？ 朱祁钰之死另有隐情？

对于朱祁钰之死，坊间一直有传言，说其实他的病早已康复，但朱祁镇怕他也上演同样的夺位戏码，所以便派太监蒋安用丝帛将他勒死以绝后患。这个传言目前为止并没有任何实证，但宫廷之中的斗争如此险恶，由此可见一斑。

徐有贞用尽各种方法将内阁旧臣挤走，以便独揽大权

阁臣纷纷落马　徐有贞独揽大权

徐有贞进入内阁后，开始显露想独揽大权的野心，便用尽各种办法把原本的诸位内阁大臣挤走。先是立场与他不同的商辂、萧镃等前朝重臣被罢黜为民，接下来江渊、俞士悦，连同之前一向非常关照他的陈循，也都被徐有贞教唆的言官参劾朋比为奸之罪，而被发配到辽东充军。吏部尚书王直因曾经请求过复立朱见深为皇太子而没有遭到责罚，礼部尚书胡濙则是因曾经屡次请求朱祁钰到南宫朝贺太上皇而被认为尚有忠爱之心。因此两人虽然受到徐有贞的排挤，无法继续待在政治核心，但都还能以八十几岁的高龄得到优抚退休。在前辈相继被踢走之后，徐有贞已经独霸内阁，成为当今朝廷最具权势的政治人物。

夺门新贵内斗　进士恶斗草包

徐有贞、石亨、曹吉祥等所谓的"夺门新贵"才刚掌权不久，内部就开始产生嫌隙。资料显示，夺门之变后在朱祁镇面前屡进谗言，罢黜了内阁诸臣，最后尽揽大权的徐有贞，最初是靠着石亨、曹吉祥等人的引荐才得到机会。但他在得志之后，却似乎忘记这一切，而开始对石亨、曹吉祥表现出鄙视之意。他认为自己是进士出身，与这两个胸无点墨的草包完全是不同等级，也不屑与他们为伍，便开始在皇帝面前数说二人的不是。但石亨、曹吉祥也不简单，通过皇帝身边的小宦官，很快便发现是他在背后搞鬼，于是也开始谋划要如何去陷害他，使得朝廷又笼罩在诡谲的气氛当中。

害人者人恒害之　徐有贞从云端跌落

原本掌握优势的徐有贞，手段果然比不上石亨与曹吉祥这两个老江湖，最终在这场政治恶斗中宣告出局。据了解，太监曹吉祥为了先破坏皇帝对徐有贞的信任，便令小宦官偷听皇帝与徐有贞单独谈话的内容，之后他再向皇帝泄露。当朱祁镇惊讶他是如何得到这些消息时，就故意说是徐有贞对他说的，还说许多的秘密外界早就知道了。这一高招，果然使得皇帝开始厌恶并疏远徐有贞。之后石亨等人又编造一些罪名加以诬陷，将徐有贞、李贤等阁臣关进大牢，还一口气铲除了三十几位言官，造成监察单位为之一空。经过审讯，李贤被留任，而徐有贞则是继续遭受政治追杀，又被投入锦衣卫狱中痛加拷打，最后惨遭流放。

不能说出去啊……

嗯嗯嗯……

……

曹吉祥派小宦官偷听皇帝与徐有贞的对话，然后再故意假装是徐有贞泄露了秘密

年度热搜榜

【明·天顺二年】公元一四五八年

兵部尚书贪赃败露
陈汝言任职一年家产上亿

因谄媚依附石亨而接任兵部尚书的陈汝言，日前因贪赃败露被处死。在查抄家产时，还意外发现他竟然累积了上亿财富。此事使朱祁镇联想到景泰一朝受宠的于谦，在夺门之变被抄家时没有余财，然而陈汝言任职还不到一年，却已经不晓得通过怎样的管道累积了这么多财富。其实在于谦被处死后不久，事后才知情的皇太后便难过地对朱祁镇讲述当初也先进犯北京城时，于谦是如何挺身而出，于险境中挽救危局的事迹。而经过一段时间，朱祁镇也终于了解于谦在迎立外藩一事上受到的冤屈，对于自己鲁莽处死于谦感到十分后悔。但毕竟自己是九五之尊，为了稳住宝座，不能推翻自己先前的决定帮于谦平反。结果现在因为发现陈汝言贪赃，让他看清了石亨等人丑恶的面貌而更加感到厌恶。

锦衣卫四处侦缉
掌控大臣情报

在群臣拥簇下发动夺门政变，重登皇位的朱祁镇，近来开始担心大臣会结党营私，背地策划把他架空，所以再次重用锦衣卫当打手。锦衣卫的官校们仗着有皇帝当靠山，四处侦事，用尽各种方法窥探官员们的秘密。大大小小的官员以及皇室贵族，对于这种白色恐怖，除了说话及行事都要更加小心外，比较"有效率"的方法，就是用美色及金钱来贿赂锦衣卫以求自保。结果反倒演变成没有行贿的人动辄被捕，而且每抓一人就会牵连一大串，尤其是那些富豪大户，更常被当成肥羊宰杀。内阁大学士李贤为此上疏，请求撤回四处横行滋事的锦衣卫官校，但觉得特务机关方便又好用的皇帝，怎么可能甘愿自废武功，所以当然不予批准，使得锦衣卫的气焰更为嚣张。

心急吃不了热豆腐

鼓动下属联名保奏　石彪反遭皇帝猜忌

这几年对战瓦剌表现还算亮眼的石彪（石亨之侄），在升任总兵还被晋封定远侯后，因行事过于高调嚣张，也开始遭到皇帝的猜忌，皇帝对他们叔侄两人掌握京城及边境重镇兵权一事深感不安。对此犹无警觉的石彪，七月时又鼓动辖下的几十个军官联名上疏，奏请朝廷让他镇守大同。但这个举动却反而令皇帝更相信他们可能会发动军事叛变，目前锦衣卫已经收到密令疾驰出关准备逮捕石彪。

锦衣卫火速行动

锦衣卫在八月一日，以迅雷不及掩耳的速度将石彪逮入狱中严刑拷讯，并在他家里搜出了绣蟒龙衣等足以判处死罪的证据。石亨生怕

石亨叔侄权力崩解

自己受到侄子牵连，便立即上疏请罪，平时都不吭声的朝中大臣也纷纷上疏揭露石亨的罪行。最后朱祁镇下令查抄石彪家产并逮

捕其同党七十六人，同时下令石亨在家闲住静候调查并禁止朝见，权倾一时的石亨叔侄至此树倒猢狲散，风光不再。

夺门之说被批评多此一举

石亨等投机分子尽遭罢黜

对啊，他死了，没夺门也是又换我当皇帝啊！

内阁大学士李贤在石亨垮台后顺势提出建议，表示当初朱祁镇复位只要说是"迎驾"就行了，根本不应该用难以对后世交代的"夺门"二字。这样的说法，只是徐有贞、石亨等人为了夸大自己的功劳想出来的怪招。而且当时景泰帝朱祁钰已经病重，唯一的子嗣早就去世，所以等他死后，再怎么算也只有朱祁镇有资格重登皇位。到时百官奉迎，耆旧在列，一切都是理所当然，既无功可赏，亦无罪可惩。那些以夺门之说而得到好处的人，只是捡了现成的便宜。朱祁镇这才恍然大悟，明白自己被算计了，立即下诏今后不再使用"夺门"二字，并罢黜四千名以此冒功得到官职的投机分子。

年度热搜榜

【明·天顺四年】公元一四六〇年

宛如电影场景
天降陨石还会说话？　万人惨遭砸死！

根据庆阳传来的消息，日前该处发生天灾异变，无以计数的陨石从天而降，重量从一公斤到三公斤的都有，无数房屋被砸毁，冲击产生的高温也引发火灾，目前已有数万人惨遭砸死。还有传言说这些从天而降的陨石竟然能说话，可怕的景象已经引起当地居民的恐慌。

从天堂到地狱　石亨判死抄家

锦衣卫指挥佥事逯杲，日前公布了石亨谋反案的调查结果，确定石亨确有怨望，并与其侄孙石后等编造妖言，还蓄养无赖，图谋不轨。于是朱祁镇便下令将其投入诏狱严加拷讯，最后依谋反之罪判处死刑并抄没家产。平常过惯了骄奢生活的石亨，无法适应狱中的悲惨日子，才进去没多久便病死狱中。司法单位认为这样的死法难平众怒，所以特别建议将石亨死后戮尸。不过皇帝倒是听取内阁大学士李贤的建议，直接将他埋葬，了结此案。至于石彪、石后等人，则于不久之后遭到斩首弃市之刑。

石亨之死让曹吉祥极为恐惧

年度热搜榜

皇室惊爆乱伦丑闻！　弋阳王母子被处自尽焚尸之刑

　　日前皇室曝光令人难堪的乱伦丑闻。锦衣卫指挥同知逯杲得到线报，指控弋阳王朱奠壏母子之间竟有着乱伦关系。朱祁镇闻讯后表示震怒，立刻降旨要朱奠壏的哥哥朱奠培据实回报，并派遣驸马都尉薛桓与逯杲前往再次确认指控是否属实。在朱奠培回奏并无其事之后，朱祁镇责问逯杲胡乱指控，但在逯杲拿出一堆证词，坚持一定要守住司法正义后，朱奠壏母子仍旧以乱伦之罪被处自尽焚尸之刑。

曹钦领兵夜袭皇城　长安门外烈焰冲天

　　京城目前正爆发严重的武装军事叛变。由太监曹吉祥侄子曹钦所率领的叛军于凌晨向皇宫发动突袭。据了解，石亨之死，使得一向与其狼狈为奸的曹吉祥心中万分惊恐，生怕下一个受到牵连丧命的便是自己。于是加紧准备，积极地笼络一批归降的蒙古军官以及亡命之士，准备随时以武力夺下政权。这件事无意间被在锦衣卫任职百户（低级军官）的族人曹福来发现，曹钦为了怕机密外泄，便私自将他弄死。结果反而引来锦衣卫指挥同知逯杲介入调查，并向上奏报曹钦滥刑害命，皇帝因而降旨怒斥要求严查。曹钦认为自己已被逯杲盯上，武装谋反的事迟早会被发觉，便决定先下手突袭皇城。但就在行动的当晚，原本同谋的锦衣卫军官马亮因为害怕事败获罪，便趁曹钦不注意时溜出去密报此事。当时统领团营禁军奉诏西征，准备隔天上朝面圣陛辞的总兵官孙镗，正与值宿的恭顺侯吴瑾在朝房中休息。一听到密报，马上写纸条从门缝投入宫中，并要卫士立即通知皇帝紧急应变。但因为他们两个都是拙于文字的武官，事态又十分紧急，所以只写了"曹钦反！曹钦反！"六个歪歪斜斜的大字。皇帝看到纸条后大吃一惊，马上下

写好了没？曹钦快打过来了！

别催啦！

歪歪斜斜

孙镗传纸条入宫示警

令卫士捉拿太监曹吉祥，同时紧闭所有城门。但这时曹钦已带领着五百名死士，先前往逯杲家中把他砍死，然后领兵驰入西朝房杀了都御史寇深，接着又提逯杲的头到东朝房，抓了尚书王翱，并胁迫内阁大学士李贤替他拟写奏疏释罪。随后曹钦率众纵火急攻东、西长安门，虽然守卫情急之下拆了护城河道的砖石堵在门后，暂时挡住了叛军的攻势，但来势汹汹的叛军目前仍不断地发起一波波的强攻，在震天的杀声及熊熊火光中，皇城随时有陷落的可能，情况十分危急。

曹钦兵败投井而死　太监吉祥谋反被杀

在曹钦率领的叛军急攻长安门时，孙镗先交代他的两个儿子疾驰回西征部队搬取援兵。考虑到过惯安逸日子的京军一听到有武装叛变，大概会吓得不敢出来，况且没有皇帝的诏书，也不见得能调得动，于是他急中生智，交代儿子回去后先在营外大喊，谎称刑部关押的囚犯越狱了，只要出来帮忙抓到的就可以得到重赏。结果兵士们一听到有重赏，又只是抓几个手无寸铁的逃犯，很快便备齐衣甲武器赶出来集合，于是孙镗一下子便聚集了两千名全副武装的士兵，这时才上马，大声对将士们呼喊："看到长安门的大火了吗？那就是曹钦率领着一些乌合之众谋反！我们已经知

道他的人马很少，只要可以活捉他或击杀叛军的，都将得到重赏！"众人见到孙镗振臂高呼，也纷纷听命，然后对叛军发起攻击。曹钦无法攻破城门，背后又受到孙镗强攻，一下子就溃散了。虽然中途斩杀了只带领着五六名卫士前来助战的吴瑾，但曹钦最后仍是走投无路，只能奔回家中作困兽之斗。这时各路禁军陆续增援，在孙镗的指挥之下攻破曹家大宅，曹钦畏罪投井身亡，家中无论大小全被乱刀砍死。先前已经被逮下狱的太监曹吉祥，则是事后被千刀磔杀于街市中，所有牵涉在内的人，除了当初告发的马亮获得升官重赏外，其余一律诛杀。

有谁要来帮忙抓逃犯的，很轻松！而且有高额奖金！

我要！

我要！

孙镗以抓逃犯赚奖金当口号，成功在短时间内诱集了足够兵力

125

年度热搜榜

鞑靼大玩两手策略　河套一带永无宁日

蒙古鞑靼部近年来多次袭扰边镇，去年（一四六一年）夏天更再度强势进犯河西，大明守军无法挡住其攻势，让蒙古铁骑得以长驱直入劫掠永昌、甘州等地。八月时，鞑靼攻入凉州，但这次明军在守将毛忠的率领下奋勇抵御，鏖战一日后虽然矢尽力疲，但仍拔刀与敌人进行殊死肉搏，最后总算撑到友军来援，鞑靼兵见势无可为才解围而走。在此之后鞑靼领袖孛来决定改变政策，放弃先前硬抢的做法，派人向大明王朝表示愿意臣服，朱祁镇当然也乐得答应。双方达成协议后，鞑靼也获准改由兰县入关朝贡。不过，鞑靼虽然表面上臣服于大明，享有朝贡贸易所带来的可观利润，实际上却是在大玩两手策略，借着朝贡之便仍旧不时寇掠边镇。看来，随着新的进贡路线的开放，河套一带从此之后将永无宁日。

门达接掌锦衣卫　大肆逮捕官民
人满为患　增建囚舍以便安置

都指挥佥事门达在逯杲被曹钦杀死之后，受命掌理锦衣卫事务。当初在管理诏狱时曾为多起大案平反，并得到朝中大臣一致称许的门达，在看到逯杲以特务手法获取各项情报，并因此得到皇帝的宠信后，也想学他那一套。于是变本加厉地密布锦衣卫旗校，用尽各种手段专门暗中查缉官民私事，导致民众相互告发检举的风气越来越盛，不论是真有犯行还是挟怨诬告，锦衣卫都不放过，

哇！这是哪个豪宅的规划图啊？

是犯人太多我们打算扩建监狱而已啦。

被逮下狱的人也越来越多。日前，由于狱囚人数已经多到狱舍无法容纳，门达便上疏奏请于城西再增置锦衣卫监狱。虽然此议已获得朱祁镇的批准，但是照锦衣卫这种有人乱告便随意逮捕刑讯的做法，只怕增建再多的囚舍也不够用。

年度热搜榜

贡院夺命大火

九十余名举子葬身火海　　追赐"进士出身"

各省通过乡试的举人，在二月九日齐集京城参加会试，以求取得殿试的资格。但就在考生们埋首答卷时，贡院竟然燃起熊熊火焰并冒出阵阵浓烟。由于贡院大门已经被御史焦显锁起来了，导致许多考生在慌乱中找不到脱逃的出口，最后不是被浓烟呛死就是被吞噬于无情的火舌之中，总计有九十多人命丧火海。朱祁镇闻讯后大怒，立刻下令将礼部左侍郎邹幹、郎中俞钦、主事张祥，以及御史唐彬、焦显等逮入狱中追究责任，并严查起火原因。然后下诏于今年八月补行会试，并追赐给被烧死的诸位考生"进士出身"（即状元、榜眼、探花之后的二甲进士）的身份。

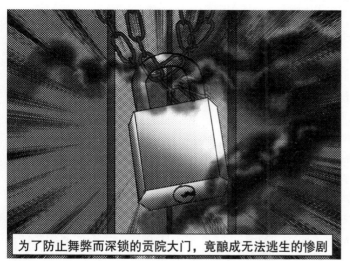

为了防止舞弊而深锁的贡院大门，竟酿成无法逃生的惨剧

伍骥领兵保住上杭　　班师染瘴军民同哀

上杭不久前遭盗匪侵扰，虽然官军在都指挥佥事丁泉的指挥下，暂时保住城池，但贼势却越来越强大。受命巡按福建的御史伍骥得知后，急赴汀州，先调拨援兵从四面包围盗匪，然后单枪匹马前往贼寨，从容立于马上向盗匪们分析祸福之道。众匪都因伍骥的诚意而感动落泪，一时之间，放下武器归附的竟有一千七百余人。伍骥也赏给他们牛马种子，让这些为求生存不得已才落草为寇的农民可以回家耕田。不过盗匪头子李宗政则依恃着堡寨坚固而拒不投降，仍试图与官军对抗。于是伍骥与丁泉便率兵直捣贼阵，在激烈的战斗后攻破堡寨，但丁泉也在此役中力战而死。伍骥在吊唁亡灵、抚恤伤者后，再度领军与敌对战并连破十八寨，俘杀八百余人，终于完全平定了这场动乱。不幸的是，伍骥在班师回到上杭时，却因在途中感染瘴气而病逝。当地的军士百姓听到这个消息，有数千人前来吊唁，还争相出钱要为他建祠堂，以纪念他为地方所做的贡献。

特务当权　司法已死

门达得势　袁彬受诬　杨埙申冤

　　门达成为受皇帝宠信的特务头子后权倾朝野，除了土木堡之变时随侍在太上皇左右的袁彬外，其余官员大多屈服在他的淫威之下，不是为虎作伥就是敢怒而不敢言。虽然袁彬曾陪伴朱祁镇共同度过被俘的那段最不堪的岁月，在锦衣卫系统中也颇有实力，但门达为了铲除异己仍然罗织罪名，诬陷他曾接受石亨、曹吉祥的贿赂，不但将其逮入狱中，还想置他于死地。朱祁镇一方面不希望有人逍遥法外，另一方面又念及昔日旧情，便告诉门达："朕不管你怎么审问他，但一定要把袁彬活着还给我。"袁彬下狱后，有一位名为杨埙的军匠为他抱不平，便写了诉状请求皇帝亲审此案，其中罗列了门达种种的不法事证，然后击"登闻鼓"递状申冤，因而也被逮入狱中严刑拷讯。由于内阁大学士李贤曾在皇帝面前痛陈门达的恶行恶状，所以门达对其恨之入骨，想利用这次机会扳倒他，便暗示杨埙做伪证，要他承认是受到李贤主使才击鼓递状。目前门达已拿着杨埙录下的口供指控李贤，并奏准司法单位进行会审，甚至还准备强令李贤当面对质从而加以折辱。普遍获得舆论肯定的李贤及袁彬等人，是否能逃过此劫，已成为目前最值得关注的头条。

你等一下就照这样讲，知道吗?

……

门达想要教唆别人做伪证陷害人，结果自己反而遭到指控

会审逆转　证人当庭翻供　门达如同被告

　　杨埙会审案出现重大转折，门达打算强令大学士李贤当场对质的做法，因监审太监裴当坚决表示"大臣不可辱"而取消。审讯时，门达原本以为杨埙会依计划帮他紧咬李贤，但没想到杨埙却一反口供，当场大声说："我这样一个卑微小人，怎么可能见得到李学士！所有的证词都是门锦衣教我这样说的。"当场把门达气得话都说不出来，而袁彬在应讯时也历数门达种种纳贿不法情状，一时之间门达反而像变成被告一般。只不过审讯官员还是因为畏惧门达的势力而不敢据实向皇帝提出报告。最后做出了判袁彬绞刑但可罚钱赎罪，而杨埙则是死刑论斩的建议。不久，皇帝做出最后裁示，将袁彬调任南京锦衣卫，杨埙则开恩释放。

年度热搜榜

【明·天顺八年】公元一四六四年

感念钱皇后有情有义　朱祁镇废止宫妃殉葬

过完年就病重不起的朱祁镇，为了能让自己的儿子顺利接班，在内阁大学士李贤的建议下，命皇太子朱见深（皇贵妃周氏所生）于文华殿代理国事，然后预先立下遗嘱，要太子在他死后尽快择吉日继位，并于百日之后成婚。同时也废除自明太祖朱元璋以来，嫔妃在皇帝死后必须殉葬的恶例。另外，由于皇后钱氏在土木堡之变时，每天为了被抓走的朱祁镇蜷腿哭泣，导致一腿残疾，并哭瞎一只眼睛。之后当他以太上皇之名被幽禁南宫时，钱皇后不但时常给予其精神上的安慰，还带着诸位妃子辛勤地织布卖钱，以贴补他日常生活所需。这份患难情感，让朱祁镇在临终之前特别交代，要求太子以太后的名分孝养钱皇后，让她安养天年，待寿终后再与自己合葬。不久，朱祁镇病逝，朱见深依遗诏继承了皇位，并将明年定为"成化"元年。

太后争夺战攻防激烈
周氏强势排挤　廷臣坚持遗诏　钱氏加封"慈懿"

新皇帝即位后，依惯例要尊嫡母（先皇的正式皇后）及生母（皇帝的亲生母亲）为皇太后。但周贵妃（皇帝生母）却急着想排挤钱皇后（先皇之后）。她让心腹太监夏时去要求廷臣："钱皇后是个没有儿子的残疾之人，哪里有被尊称为太后的资格，早就该循前朝之例废掉，独尊周贵妃为皇太后就可以了。"或许朱祁镇在生前早就料到，所以临终前已经亲口嘱托顾命大臣李贤这件事，也明确立下遗嘱保障钱皇后的地位。所以在李贤及彭时两个内阁首辅的坚持下，群臣纷纷附和，夏时只好摸摸鼻子回去向周贵妃复命。彭时还建议，应该为钱皇后另加"慈懿"的徽号作为尊称，以便作为区别。皇帝同意后，终于让钱太后与周太后并尊，暂时结束了这场宫廷排挤的戏码。

在群臣反对下，周太后想挤下钱太后的诡计未能得逞

门达下台充边军　袁彬重掌锦衣卫

在先帝生前受到重用，令百官闻之色变的锦衣卫指挥使门达，终于在换了新老板之后失势，遭到言官交章弹劾，把他贪赃弄权，假托圣旨屡兴大狱之事全都告到皇帝的面前。在调查属实后，门达被查抄家产并议处死刑，最后新皇帝裁示开恩免死，令其发配南丹卫充军。之前受到门达排挤被调往南京的袁彬，则因为朝野风评一向不错，被调回重掌锦衣卫事务，先前门达所增建的锦衣卫监狱也被拆毁。

违反程序任命　朱见深开启传奉官恶例

依现行制度，凡是官员的任用都必须由内阁或是吏部发出公文才算合法生效。但朱见深即位不到一个月，便打破这个正常程序，直接下诏令，任命一位工人当"文思院"副使。虽然这只是一个芝麻绿豆的小官，但却给政坛带来相当大的震撼。一旦开启这种不经由正常程序，而由皇帝直接发布任官，这种所谓的"传奉官"会越来越泛滥。如此一来，官员将不再是依照是否适才适任，而是仅凭皇帝一人的好恶而定，势必严重影响官员的素质。到时一定会有许多佞幸无耻之徒，靠着结交或行贿皇帝身边的太监或妃嫔来取得职位，然后出现文官不会读书写字、武将不会骑马射箭的乱象。

从今天起，我就是你的长官。

都不理

我上面有经理、副经理、协理，什么时候又多个都不理？

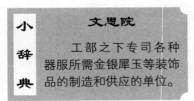

小辞典

文思院

工部之下专司各种器服所需金银犀玉等装饰品的制造和供应的单位。

因应日食异变　宫女重获自由

日前因为太阳暗淡无光，朝廷上下一阵恐慌，内阁大学士李贤借此机会偕同诸位大臣上疏，建议皇帝修身自省以表达敬天之意。同时指出怪异天象是因为宫中有过多宫女，加上浣衣局中因家人犯罪而被没入的妇女，聚积许多愁怨，导致阴气过盛所致。要避免之后发生严重的灾祸，只有回应这次的天变异象，把她们全部释放。皇帝觉得很有道理，便爽快地批准此一建议，让为数可观的宫女重新呼吸新鲜空气，也使得京师内外好多家庭得以沉浸在团聚的愉悦气氛中。

后宫大战 新婚吴皇后被废 万贞儿备受宠爱

朱见深在七月二十一日遵照先皇遗嘱举行婚礼，正式册立吴氏为皇后。但到了八月二十二日，才新婚刚满一个月的吴皇后便被以"举动轻佻，礼仪粗率，德行与地位不相称"为由废除后位。据了解，深受皇帝宠爱的万贞儿（万妃）由于不把皇后放在眼里，所以处处表现出逾越本分及嚣张的态度。吴皇后忍无可忍，便传旨杖打了万贞儿，打算压压她的气焰。但却错估形势，反被一状告到皇帝那里，朱见深一怒之下向两宫太后提出废后之请。钱太后（朱见深嫡母）对此持反对意见，而周太后（朱见深生母）则故意要与钱太后唱反调，赞同废后的决定。到了十月，朱见深又另立王氏为皇后。不过大概是看到吴氏悲惨的下场，新皇后只能刻意忽视万贞儿盛气凌人的事实，选择淡然处之，并谨言慎行，尽量以不被抓到什么过错而痛失后位为最高原则。万贞儿看王皇后对自己并没有什么威胁性，所以不打算把她逼入绝境。

你这老女人！

我才比皇上大十九岁而已！

皇后因得罪皇上宠爱的万妃而遭到废黜

皇帝也缺钱？
查封土地纳为皇庄 天子中饱私囊

朱见深不久前下了一道命令，把太监曹吉祥被查抄的大片地产，全都归为皇帝私有的"皇庄"，令各界感到意外。为数可观的地租收入及附属价值，则直接成为供应皇帝开销的私房钱，不受户部管辖，也不会用在国家整体发展上。虽然给事中齐庄为此上疏，表示"天子以四海为家，何必与小民争利"，但朱见深却完全置之不理。评论家认为，从此以后，不但以各种理由把百姓或失职官员的田产归为"皇庄"的案例将层出不穷，勋戚贵族也将有样学样，想尽各种方法及借口占夺民地，然后再变更成自己的庄田以牟取暴利，只怕土地正义将荡然无存。

震惊！ 万贞儿竟是皇帝幼时的贴身宫女！

深受朱见深宠爱的万贞儿，据查原来是从小就一直照顾他的贴身宫女，年龄足足比他大了十九岁。两人因为朝夕相处，最后竟然发生了亲密关系，朱见深也在即位之后册封万贞儿为妃。

131

年度热搜榜

西南动乱扩大　朝廷发兵镇压

早在十年前，西南边陲的侯大苟，因不满当地官府的管理，怒而率领当地的百姓反抗。由于朝廷的轻忽，起义军人数竟然已发展到数万人之多，而且接连打下数个州县。近年势力还波及高州、雷州、廉州，甚至还在前年攻克了梧州城。至此朝廷才惊觉事态严重，在兵部尚书王竑推荐下，朱见深诏命右金都御史韩雍赞理军务，以赵辅领征夷将军印，充任总兵官，太监卢永、陈宣监军，发兵十六万前往镇压。

大力士来袭！　流浪汉聚居湖广　刘千斤连破官军

随着地主与贵族不断用各种方法兼并土地，以及苛重的赋役压力越来越大，基层百姓早已被压得喘不过气来。连年饥荒，更催逼穷苦农民离开自己的家园四处流浪，湖广地区因此成了大量流民聚居之处。据初步估计，来此垦荒开矿的流民，人数已经直逼一百五十万之多。难以掌控的人口一旦聚积过多，必然演变成朝廷最不乐见的武装暴动。于是朝廷便多次强令遣散流民，想以强硬方式解决百姓生活无以为继的问题，结果流民在走投无路之下只好赌命。相传能举起千斤石狮的"刘千斤"刘通，与"石和尚"石龙等人，在房县的大石厂竖立黄旗，号召流民一同起来反抗。起义军在很短的时间内就扩增到数十万人，并攻下梅溪。刘通也自称"汉王"，任命了将军、元帅等要职，然后分兵攻打襄阳、邓州、汉中等地。由于起义军来势汹汹，接连大获全胜，朝廷极为震惊。目前朱见深已任命朱永为总兵官，兵部尚书白圭提督军务，太监唐慎、林贵监军，会合湖广总兵李震、副都御史王恕领军前往镇压。

我就是能举起石狮子的刘千斤！大家跟我来吧！

这奶油狮的尺寸好像小了点……

相传能举起石狮的刘通自称"汉王"，起兵连破官军

年度热搜榜

皇帝喜获麟儿　万贞儿受封贵妃

之前斗倒吴皇后的万贞儿，为朱见深生下了皇长子之后，受宠的程度更上一层楼。虽然皇长子并非皇后嫡出，但皇帝还是高兴地派遣使者到各山川祭祀，还下诏将她册封为贵妃。据后宫流出的资料，万贵妃的父亲万贵原本只是一名小小的县吏，后来因为犯法而被发配霸州充军，因此她在四岁时，便被安置到宫中当小宫女，并于及笄（女子十五岁所行的成年礼）后被分配到仁寿宫。由于万贞儿生性聪明、反应敏捷，深得后宫高层的喜爱，因此在朱见深很小的时候，她便被叫去当他的贴身保姆。虽然万贞儿比朱见深年长十九岁，但由于会察言观色，而且在朱见深被废去太子之位的那段悲惨岁月，也都一

生下皇长子的万贵妃后宫受宠程度无人能及

直在旁守护，所以两人之间不但有着深厚的情感，也发生了关系。自此以后，情窦初开的朱见深便再也离不开她了。现在再加上皇长子的出生，更让万贵妃的影响力远远地把正宫皇后给抛在后面。

白圭兵分四路进逼梅溪　刘通兵败被俘

今年三月，官军在梅溪迎击刘通所率领的起义军，结果湖广总兵李震率领的部队，三十八名各级军官被杀，兵士也伤亡惨重。随后而至的白圭闻讯后，立刻改变战略，分兵从南漳、远安、房县、谷城四路进逼梅溪，迫

使起义军转至寿阳与官军激战。在经历两天的血战之后，自称"汉王"的刘通兵败被俘，起义军中一万多名十一岁以上的男子全都遭到屠杀。残部在石龙的率领下转进四川，又攻下了巫山、大昌等地。这次白圭又改变

战略，派人前去敌营诱降及分化，最后起义军果然很快就自行瓦解，石龙也被自己人给绑了送交官军，并与其他数十位起义军领袖一起被斩首。曾经刮起一道旋风的"汉王"军旗，也随之颓然倒地。

考生必读！ 新版会试规则

一、考生在考试前两天早晨，就必须进到试院之中，以免迟到或考前慌乱。

二、考试当天进入考场的时间，从黎明提早到四更（凌晨一点到三点间）。天一亮就分发考题，黄昏时交卷，未答完者会发给三支蜡烛继续作答，在蜡烛烧完之前交卷。

三、由于太多人夹带小抄，入场时将严格搜身。至少写完两篇文章才可以去上厕所，上完之后要尽快返回，不许出声讨论。若有监考官员受托夹带小抄者，一经发现将严加惩处。

四、负责巡视考场的监管人员，一律从部队中调拨指派，不许冒名顶替。

五、监考官不许私自进入考生的考间内与其交谈、眉来眼去或打手势。

六、考生入场后，试场围墙外由全副武装的部队严加看管。

七、为了避免阅卷官员认出考生字迹而串通舞弊，试卷上姓名弥封后还必须另外由专人抄录一份，逐字对读无误后，再将抄本交由阅卷官员评比给分。

八、负责抄录的官员必须用心逐字对写，不许失落字样或潦草不真。

九、以往常有老眼昏花或能力不佳者担任抄录、对读、收卷的工作，导致发生疏漏，今后将精选四十岁上下，五品至七品官员中各方面表现良好者来担任。

十、以往考生抱怨顺天府在考试期间所供应的伙食太差，已由礼部增派一位官员专责监督改进。

万贵妃痛失爱子　后宫陷愁云惨雾

谁也别想抢在我的前面！

万贵妃痛失爱子，是否将影响到其他妃嫔的生育，颇值得观察

年初宫中才因万贵妃为朱见深生下皇长子而大肆庆祝，但到了十一月，随着这个未足岁的婴儿不幸夭折，整个北京城也陷入一片愁云惨雾之中，万贵妃的喜怒也变得更难以捉摸。长期研究宫廷问题的学者表示，虽然皇帝还很年轻，后宫也有一大堆的妃嫔等着怀上龙胎，但依万贵妃的个性看来，若有人想要抢在她前面产下皇子，可能就得冒着随时惨遭陷害，甚至丢掉性命的风险。

【文艺新讯】

斗彩鸡缸杯

由于朱见深在度过废太子的悲惨童年时，只有年长他十九岁的宫女万贞儿（万贵妃）在旁悉心照料，使得他对宋人画的子母鸡图特别有感触，于是便命御用工匠将图上母鸡带小鸡觅食的场景移于杯上，烧制成"斗彩鸡缸杯"送给万贵妃。"斗彩"是以釉下淡雅的青花为轮廓，再以红、绿、黄、紫等色填在釉上，入窑经低温二次烧成，胎薄釉润，釉下彩与釉上彩争妍斗美，故得此名。这次令收藏界为之疯狂的鸡缸杯敞口微撇，口下渐敛，平底卧足。杯外烧绘子母鸡两群，间以湖石、月季与幽兰。足底边一周无釉，底心青花双方栏内楷书"大明成化年制"六字。收藏家表示，由于"斗彩鸡缸杯"做工精细而清雅隽秀，又深受成化皇帝及万贵妃喜爱，所以价值远非其他艺术品所能比拟，未来势必引发收藏热潮并创下拍卖天价。

我这杯至少可以拍几个亿吧？

……

真品成化斗彩鸡缸杯预估在拍卖市场将价值数亿元

年度热搜榜

建州女真再次犯境　明军派兵成功压制

由于东北地区的建州女真近年来屡屡犯边，大明王朝决定发兵教训，于是命左都御史李秉提督军务，赵辅为靖虏将军总兵官，率兵前往征讨。九月，明军分为五路，每路各万骑从抚顺关出塞，朝鲜也派出万人协同作战。十月底时，明军攻至建州，凭着优势兵力横扫敌军，取得了不小的胜利，他们斩杀了数百名敌军，重挫了女真族的锐气。

曾经迫使宋朝南迁的剽悍金人再度崛起

小档案

女真族

女真族的活动地区在东北黑龙江一带，可分为建州女真、海西女真、东海女真三大部，也就是曾经在公元一一二七年攻下当时宋朝的首都汴梁，俘虏了赵佶（宋徽宗）、赵桓（宋钦宗，赵佶之子），迫使宋室南迁的金人。虽然金国在后来被蒙古所灭，但这个熟于骑射游猎，曾让大宋王朝承受"靖康之耻"的剽悍民族，如今再度有开始活跃的迹象，是否将成为大明王朝的另一隐忧，将值得继续关注。

官府贪渎徇私
义军散而复聚

虽然明军在东北成功压制了新崛起的建州女真，但全国各地的武装动乱却如野火一般，怎么样也无法完全扑灭。这些动乱的起因，多半是当地官府长期的贪渎徇私，加上过重的税役负担累积了民怨。在如此紧张的时刻，如果又逢天灾，百姓连要糊口都有困难的话，就只能铤而走险。今年六月，大坝发生动乱，虽然一开始官兵成功击退了起义军，但没过多久，化整为零的起义军便重新集结，在官军退去之后，再度攻占了合江等地。

不甘沦为花灯庆典写手　翰林学士谏言惨遭廷杖

时序已近岁末年终，为了筹备明年的上元节花灯庆典，朱见深特别命学识顶尖的翰林词臣撰写节庆诗词。但通过重重考试、击败全国竞争对手才被选入翰林院的章懋、黄仲昭、庄昶等人，对此却不以为然地联名上疏，表示翰林的职责是为皇上讲论仁义、陈述善恶得失，而不是写上元节的助兴诗词，

并劝告皇帝要多花些心思在国事上面。原本正在兴头上的朱见深被浇了冷水之后，以上元节儒臣应制撰诗是祖宗成例为由，痛斥章懋等人胡言乱语。骂完之后余怒未消，还在宫中就直接施以廷杖，把这些高级知识分子的屁股当场打得血肉模糊。再传旨把章懋、黄仲昭贬为知县，庄昶贬为通判（低级官员）。

堪称全国顶尖人才的翰林官员不甘心被指派去撰写祝贺诗词，结果惨遭廷杖

年度热搜榜

【明·成化四年】公元一四六八年

连墓地也要争？

钱后去世合葬争议　皇帝群臣互不相让

慈懿皇太后钱氏（明英宗朱祁镇正宫皇后）在六月二十六日去世后，安葬地点在皇室与大臣间出现重大争议。据了解，原本朱祁镇在临终前就已清楚交代，钱后死后应与他合葬一处，但人刚死，朱见深便派人把内阁辅臣全都召来，说要讨论相关的丧葬事宜。彭时等大臣马上察觉这一定是周太后（朱见深生母）从中作梗，想把合葬的位置预留给自己。于是未等皇帝开口，辅臣们便先表明了依先帝遗诏办理的立场。想帮母亲达成愿望的皇帝碰了一鼻子灰，只好草草结束会议。之后彭时、商辂等又联名上疏，还举了汉文帝、宋仁宗等例证明古制也是如此。以吏部尚书李秉、礼部尚书姚夔为首的数十位朝中大臣，也一致表明相同的立场。第二天，四百七十位大臣联名的奏章，直接摆在皇帝的案头。不过皇帝和周太后到目前为止，仍然坚持钱太后得另择葬地，与群臣相持不下。

明英宗

究竟谁能葬在先帝身边？

大臣的牛脾气

文华门群臣长跪哭谏　皇帝无奈妥协　钱后先帝合葬

合葬争议事件在钱太后去世后第三天，出现戏剧性转折。魏元等三十九位给事中、康永韶等四十一位御史，才刚下早朝就集体跪在文华门外放声大哭，哭声闹得整个皇宫都不得安宁。周太后、皇帝下旨要他们解散，但大臣却表示除非得到将钱太后与先帝合葬的旨意，否则绝不敢退下。结果就这样一直跪到下午四、五点，有些人在六月的烈阳下跪到晕了过去也不肯罢休，最后逼得皇帝只好妥协，答应为钱太后上"孝庄献穆弘惠显仁恭天钦圣睿皇后"的谥号，将神位祔入太庙（供奉皇帝先祖的宗庙）与先帝朱祁镇并列，并宣布将于九月与先帝合葬于裕陵。

你怎么知道这招有用，真是太帅了！

呵呵，因为我小时候都这样啊！

番僧得宠 待遇与亲王同级 真人、高士满天飞

朱见深自从迷上了番僧举行带有神秘色彩的佛教仪式，不但时常将他们召入宫中诵经念咒，还正式以诏书诰命封扎巴坚参为"万行庄严功德最胜智慧圆明能仁感应显国光教弘妙大悟法王西天至善金刚普济大智慧佛"，扎实巴为"清修正觉妙慈普济护国衍教灌顶弘善西天佛子大国师"，锁南坚参为"静修弘善国师"、端竹也失为"净慈普济国师"。这些封号一个比一个长的番僧，所使用的服饰器物等同亲王级别，出入乘坐棕色的舆轿，还以兵卒卫队持仪杖作为前导，连文武官员见到都要退避到路旁等待。这些番僧的徒子徒孙，被赐给"真人""高士"称号的多达几千人，可想而知一定又会有许多佞幸之人，经由此管道取得某些特权或官职了。

日前被皇帝御赐真人封号的竟多达数千人

墓隧风云！周太后暗动手脚 先帝后地下饮泪

虽然在群臣的坚持下，慈懿皇太后钱氏（朱见深嫡母，即朱祁镇正宫皇后）的身后大事终于确定，让她得以依照朱祁镇的遗言与他同葬。但心有不甘的周太后仍然从中暗动手脚，不但要求朱见深下令打破先帝只与正宫皇后同葬的惯例，特别在朱祁镇的墓穴左右各开挖了一座墓室，替自己在死后的世界预留了一席之地，而且相较于她的墓穴与先帝之间那条宽敞的隧道，钱太后的隧道还被刻意挖得比较偏，与先帝的墓室错开了足足数丈之远，中间还被刻意用石块封死。但恐怕也没有大臣能再站出来为钱太后说话了。

139

年度热搜榜

大如人头龙蛋现形？　预言黄河大水肆虐！

六月初，暴涨的黄河在开封决口，当地都指挥使司、布政使司、按察使司三司长官立即紧张地准备了牲礼向河神献祭。就在祭典进行的同时，围观的群众竟开始骚动起来，纷纷往岸边靠过去。在惊呼声中，只见一颗大如人头的蛋在河中漂浮着，然后随着滚滚黄水顺流而下，最后消失了踪迹。由于群众中有人说这就是传说中的龙蛋，是即将要发大水的征兆，已使得邻近百姓人心惶惶，生怕全家的生命财产会遭到恶水吞噬。

哥就是任性！

国舅乞地贪得无厌　皇帝放任侵吞民田

有特权的人吃相总是特别难看，借着各种手段剥削小老百姓的辛苦血汗，让自己更富有。周太后的弟弟周彧，曾经成功让皇帝赐给他武强、武邑等地的无主闲田共六百余顷。虽然后来有言官举发这些所谓的闲置空地，其实都是百姓合法持有的田产，周彧根本是借着向皇上乞求之名，行强取豪夺之实。但皇帝却只对举报的官员表示嘉许，而没有加以追究。尝到甜头的周彧不久前竟然又奏请赐予该处未缴税而被朝廷没入的田地。但相关单位清查后又发现，这些都是百姓开垦后依规定缴纳税赋的合法田地。于是便依照户籍步行测量，每亩田地宽一百步，多出的部分才没收为闲田，大大地减少了周彧原本的预期。对于此事十分不满的周彧，居然再次上疏乞请。皇帝不想让舅舅失望，便改派刑部郎中彭韶等人前往复查。但这次彭韶到达现场之后，并没有实际用步行测量，而是只在四周看了一下便回京复命，然后上疏自我弹劾。彭韶表示，这些是朝廷在很久以前就允许百姓开垦耕种的田地，早已成为农民的固定产业，朝廷也曾免除租税以鼓励百姓耕种。如今功臣外戚竟与百姓争夺尺寸之地，由于不忍心抢夺百姓的衣食来趋附权贵，因此未能完成任务，自请承担罪责。朱见深在收到奏疏之后，虽然下令将田地都还给百姓，但也同时切责彭韶等人，将他们以"沽名钓誉、违背圣命"的罪名投入诏狱。幸而其他言官争相论救，最后朱见深才下令释放他们。

年度热搜榜

明军雄风再起　鞑靼败逃大漠

把大明边地城镇当成自家货仓随意劫掠，似乎已成了蒙古鞑靼部落的家常便饭，对此一向隐忍的大明朝廷，今年终于强硬了起来，命抚宁侯朱永为平虏将军，领京营兵一万人，加上宣府、大同兵马各五千前往征讨。七月时，数万鞑靼兵马又再度分五路侵入边境，但明军早就等在此地，双方在一阵激战之后，鞑靼军被击败，鞑靼首领阿勒楚尔中箭，尽弃辎重狼狈逃回大漠。军事评论家表示，明军此役虽然只斩了鞑靼一百零六人，抢到了数千匹牛马，但出征诸将不再像以往那般怯敌避战，反而都能力战追敌，这种状况是数十年来不曾看见过的。

人间炼狱！　旱涝不断饥荒连连　卖儿卖女苟延残喘

北京一带今年大旱，在好不容易盼到天降甘霖后，没想到大雨一发不可收拾，反而让干裂的田土成为一望无际的汪洋。如此激烈的旱涝相接，直接影响今年的农作。在没有新粮的状况下，各地存粮已经消耗殆尽，缺粮的情况变得十分严重。八月时，顺天、真定、保定、河南四府的米价，已经贵得离谱，外围乡镇的缺粮情况更是严峻，有钱也买不到东西吃。已经有许多的村户，连续四五天不曾生火开饭，原因没有别的，就是根本没有任何东西可以下锅。这些可怜的人，绝望到只能闭门困卧床上等死，也有人因为啃食树皮草根而误食有毒植物，或是因营养

怎么现在就回来了，不是还没放暑假吗？

学校没东西吃，我们就被赶回来了……

为了减轻粮食供应压力，国子监也提早放假让学生回家

不良抵抗力下降而染病身亡，甚至有人忍痛卖儿卖女以求苟延残喘。虽然朝廷已在内阁大学士彭时的建议下，大开仓储提供了数十万石的备用粮食平稳粮价，也让国子监生直接放假回家以减轻粮食供应的压力。但整体看来仍是无济于事，饿死的百姓已经多到必须在城外挖坑掩埋的程度了。

谣传宫女怀龙种　万妃嫉妒起杀机

据传去年（一四六九年）皇帝偶然间到内宫藏书处时，与宫女纪氏发生关系，而且还让纪氏怀了身孕，妒心大起的万贵妃便派人查探。长久以来宫中一直有传闻，万贵妃在儿子夭折后，为了怕其他人因子而贵，所以只要知道有谁怀了龙种便加以迫害。但万贵妃事后认定纪氏并非怀孕，只是腹部胀痛而已，所以只把纪氏调到西内安乐堂，而没有采取进一步的行动。

真真假假？ 怀孕瞒过万贵妃　产下皇子急藏匿

八卦消息指出，之前被怀疑有孕的纪氏，在今年七月生下了一个胖娃娃，并已抱到别

怎么好像
有婴儿哭声！

嘘……

宫女纪氏瞒过万贵妃将孩子生了下来

处暗中抚养。但当初受命前去查探的人，因为同情纪氏母子，所以便向万贵妃回报说只是腹胀，并没有怀孕。等偷偷生下小孩之后，纪氏怕万贵妃不肯放过她，所以便要守门的宦官张敏把孩子抱出去溺死。但张敏怜悯这个小生命，坚持把小孩抱到别的地方，瞒着万贵妃哺育，才保住了婴儿的性命。不过，听说之前被废除皇后之位的吴氏，因为住在离安乐堂很近的地方，所以已经知道这件事情，吴氏对这个小生命的存续会采取什么态度？自然也引发各方关注。

难民激增终成祸　李原湖广举反旗

前几年官兵好不容易才剿灭活跃于湖广地区的刘通起义军，没想到今年因为大旱，生活无以为继的难民只能无奈地选择落草为寇，又成为一股新的反抗力量。这批数量可观的流民在李原（李胡子）等刘通旧部属的领导下，开始在南漳、渭南、房县、内乡一带坐大。自称为"太平王"的李原，目前已经吸纳了将近一百万人，并分派总兵、先锋等各级官职，还创立了"一条龙""坐山虎"等响亮的名号，准备积极向外扩张。由于起义军崛起的速度极快，也使得朝廷紧张起来，赶紧命都御史项忠总督河南、湖广、荆襄军务，与湖广总兵李震带兵前往镇压。

年度热搜榜

胡萝卜与大棒

项忠智取百万义军　成功镇压湖广起义

受命镇压湖广动乱的项忠，面对人数已达百万的起义军，显得格外小心谨慎。他先调动邻近地区的土兵前来支援，以增强自己的力量，再把连同正规部队共二十五万兵力，兵分八路向起义军大本营逐步进逼。在同一时间，他还派人深入起义军的势力范围，宣布朝廷将协助出山投降的流民恢复旧业，但对顽抗到底者将会杀无赦。项忠一手大棒一手胡萝卜的策略果然奏效，很短的时间内便有大批流民出山投降，使得双方力量呈现此消彼长的趋势。此时已拥有优势军力的官军，在项忠的命令之下，开始对起义军展开激烈猛攻。没多久，李原等人便兵败被俘，溃散的流民部队则是惨遭无情杀戮，死者枕藉山谷。据官军的统计，此次项忠前后共招抚了九十三万流民恢复生产，并减免这些人三年赋税，让他们可以回到家乡，开始新的生活。不过，在漂亮的数字之下却也隐藏着残酷的事实，除了惨遭官军屠杀的流民外，也有为数众多的人死在还乡的途中。

百万起义军在项忠的招抚及恐吓下迅速崩解

皇帝克服心理障碍　首次召见阁员面谈

已经很久没有接见朝臣的朱见深，日前因白天反常出现彗星冲犯各大星座的现象，而接受内阁大学士彭时等人的要求，在文华殿接见了诸位内阁大臣。由于皇帝有严重的口吃，为了避免自己难堪，所以总是避开与阁臣面对面讨论，选择只用书面批阅的方式来处理政务。这次为了应对天象变异，他硬是克服了心理障碍，大胆地跨出这一步。不过，在会见结束之后，皇帝贴身宦官私下透露，由于此次召见让皇帝感觉不是很好，所以他以后极有可能不会再召见阁臣面谈国事。

君臣面谈竟是一场灾难？

由于朱见深对自己口吃有强烈的自卑感，所以之前第一次接见大臣时，也显得格外紧张。据闻，宦官们看出主子心中的不安，便在阁臣进殿前，提醒他们这次先不多说，最好等下次召见再详细陈述。阁臣们入殿行完跪拜礼后，彭时便开口说："天变可畏。"皇帝则努力地挤出："已……已……已知，卿……卿等……宜……宜……宜尽心。"彭时又说："昨天御史建议删减京城官员的薪水，我认为对文臣没问题，但对武官却不宜

万岁阁老沦为政坛笑柄

实施。""知……知……知……知……知……知道了。"彭时还要接着讲的时候，万安便因过度紧张而胡乱叩头高呼："万岁！万岁！万万岁！"彭时、商辂不得已，也只好跟着叩头退下，草草结束了这次朝野极为关注的召见。事后宦官们将此引为笑谈，讽刺地说："一开始还抱怨皇上不召见，等到真的召见了，阁老们竟然就只会高呼万岁而已。"事情传开之后，内阁便被戏称为"万岁阁老"，从此沦为大家茶余饭后的笑柄。

成化帝召见说不到三句话，万安便紧张地高呼万岁，就这样草草地结束了难得的会谈

年度热搜榜

【明·成化八年】公元一四七二年

新任太子　惊传死讯　万贵妃涉嫌教唆杀人？

在万贵妃所生的皇子夭折后，朱见深好不容易在成化五年（一四六九年）盼到了第二个儿子出生，并于去年（一四七一年）十一月开心地将他封为皇太子，成为大明王朝下一任接班人。但今年春节才刚过，原本健康可爱的皇太子却忽然去世。朱见深也只能悲伤地追封他为悼恭太子，然后继续期待下一个皇子的诞生。不过，宫中有传言指出，皇太子的死，其实是万贵妃在背后下的毒手。因为万贵妃不允许后宫任何人取得比她还高的地位，所以暗中命人下毒把皇太子害死。更有人说，宫中早就不知道飘散着多少冤死的婴灵，只是到目前为止，都还没有任何证据。

别想比我快！

十万大军出击鞑靼　百姓生活雪上加霜

兵部尚书白圭年初提出一份国土安全计划，表示要彻底解决鞑靼屡次进犯边关的问题，就必须改变战略，化被动为主动，并计划征调十万兵马出击边关，直捣鞑靼腹地。朱见深收到奏章之后，也认为如此才能长治久安，便命吏部侍郎叶盛前往边关巡视，并与相关部门商议具体事宜。在实地考察与讨论后，叶盛提出报告，表示三边（延绥、宁夏、甘肃三地）不论兵士还是将领都不足额，各项器械装备也不够，应以防守作为上策。不过由于白圭强力坚持，所以皇帝仍决定依原定计划出兵，并诏令河南、山西等地的府县筹备军饷，钱粮不够的就先行向百姓预收明年的租赋。此诏一出，朝野哗然。因为此时河南、山西等地正在大闹饥荒，百姓饿死在路旁的已经不知道有多少了，哪里还有办法额外负担战事所需的粮饷。虽然兵科给事中梁璟等随即上疏请求撤销这道命令，但皇帝并未采纳，仍命武靖侯赵辅为平虏将军、充任总兵官，由王越总督军务，三边兵将俱听调遣，准备主动出击。

灾情特报

今年七月间，东南沿海因河水暴涨加上海水倒灌，苏州、松江、扬州，以及杭州、绍兴、嘉兴、湖州、宁波皆发生严重水灾。官民庐舍及畜产损失不计其数，放眼望去，所有田禾尽泡在大水之中，农作物损失惨重。据初步估计，溺死人数已经超过二万八千人，而且还在增加。朝廷目前已经决定亡羊补牢，将立刻拨款修筑高一丈七尺、下宽四丈、上宽二丈的海堤，预计总工程长度将会超过五万丈。

年度热搜榜

见面礼太少被打死　行凶者杀人竟无事

宫中宦官跋扈专横的行径，近年来已经严重到令人闻之色变。宁波卫指挥马璋在不久前，便因此枉送性命。据了解，马璋为了讨好前来办事的宦官李义，特别准备

他是因为得了流感才变成这样的，跟我无关啊……

皇帝居然听信宦官打死人却卸责的鬼话

了二十两白银当作见面礼。但区区二十两白银与李义的期待落差实在太大，于是他一怒之下就随便找理由派人用木棍打死马璋。马璋的母亲看到自己好端端的儿子被人活活打死，悲痛之余一状告到朝廷，想要皇帝为她儿子主持公道。但令人意外的是，朱见深并没有下令司法单位展开调查，而是要求被告李义提出说明。李义也回复说确实曾因公事杖责过马璋，但马璋因病而死，并非被木杖打死。令人费解的是，皇帝居然也相信这套离谱的说辞，不再追究李义的责任，只留下一个孤苦绝望的老母亲在暗夜中哭泣。

鞑靼三部远出劫掠　后方反遭明军扫荡

去年（一四七二年）十一月，原本被任命为北征军总兵官的赵辅，因为迟迟未能发兵而遭到撤换，改以宁晋伯刘聚取代总兵官之职，并率军屯驻延绥。今年，明军大举进击，王越以及延绥巡抚余子俊所率领的部队，都先后打败了鞑靼军。九月时，王越得到消息，知道鞑靼的三个部落联兵深入数千里，到秦州、安定等地抢掠，便立刻率兵从榆林深入大漠，日夜兼行二百三十余里，直捣敌人后方只有家眷留守的红盐池，最后果然大胜而归。等到鞑靼劫掠归去之后，才发现自己的家人、畜产、庐帐都已被明军扫荡一空。军事评论家表示，鞑靼部经此打击实力已遭重挫，必将向北迁徙避祸，延绥地区近年内应该不会再受骚扰。

年度热搜榜

【明·成化十年】公元一四七四年

三边总制府设立　边军指挥权统一

刑部主事王鼎于去年（一四七三年）底，上疏对边警之事提出建议。他认为延绥、甘肃、宁夏三边是蒙古劫掠的重警戒区，虽有重兵防守，但由于各有巡抚、总兵统率不同的部队，所以发生紧急事件时常有不能相互支援的情况。他建议推举一名重臣总制三边，以更宏观的角度制定战略及指挥部队。朱见深思考后认为可行，便下令在固原设立制府（三边指挥总部），以王越为三边总制（军事指挥官），巡抚、总兵以下都听其节制。军事评论家认为，三边总制的设立，在一定程度上可以改善指挥权不统一的问题，更有效地对抗蒙古。

金矿开采效益太差　皇帝发财美梦破碎

朱见深即位以来皇室奢华成风，巨额开销已经让皇帝私人金库快要见底。为解决这个问题，朱见深听从建议，想借着开采金矿来填满口袋。在听闻湖广一带深山地底可能有丰富的金矿脉后，他便命巡抚刘敷动员开采。只不过这个计划在今年年底已经宣布停止，因为据刘敷所回报的数字，在二十一个采金矿场中，一年共征用了五十五万民夫，其中有不计其数的人命丧蛇虎之口，或是亡于大水之中，但竟然只挖到三十五两黄金。由于效益实在太差，所以朱见深只好批准刘敷的建议。同样徒劳无功的黑山金矿场，也在辽东巡抚彭谊的奏请之下，同时宣布停止开采。

挖到三十五两黄金，那成本是多少呢？

一定要说吗……

四万工役历时三月　延绥千里城墙竣工

去年（一四七三年）明军红盐池大捷之后，鞑靼被迫北迁，暂时解除了边境的威胁。巡抚延绥的右都御史余子俊于成化八年（一四七二年）奏准办理的修筑边墙计划，也因此可以开始进行。这项重大工程征调了四万人，只花不到三个月的时间便全部完工，筑起东起清水营，西抵花马池，共计一千七百七十余里的长城。这段边墙共修筑了十一座城堡、十五座边墩、七十八座小墩，以及八百一十九个崖寨，几乎每两三里就有一处可供瞭望警戒的高台。墙内受保护的土地全部分由军队进行屯垦，预计每年可以多出六万余石的粮食产量。

147

年度热搜榜

人物专访 暗藏皇嗣五年　张敏保子有功
纪氏之子终于认祖归宗

生下皇子的纪氏因为怕万贵妃报复，要求宦官张敏溺死孩子，但张敏把小孩抱到安全的地方，保住皇子的性命。直到今年终于真相大白……

问：请问皇上怎么知道还有一个儿子的？您是怎么透露这个消息的？

张：那天我在为皇上梳头发时，皇上对着镜子叹气，说："我已经老了，却还没有儿子……"我听到后忍不住落泪，便当场跪了下来，语带哽咽地告诉皇上他其实有一个儿子。

问：那您又是怎么知道的呢？

张：当初纪氏生下孩子时，就是我在旁边照顾的，纪氏为了怕万贵妃迫害，还要我把孩子溺死。但我觉得孩子是无辜的，便坚持要保这孩子的性命。

问：那为何在宫中躲藏五年，万贵妃都没有发现呢？

张：因为废后吴氏知道这件事后暗中庇护，孩子才能跟着母亲隐藏在西内多年。

问：凭你一句话皇上就相信了吗？

张：我一个小奴才讲的话，他老人家当然是不敢置信啊！但还好当时深受皇上信赖的太监怀恩就在旁边，开口证实了这件事，不然我小命一定不保。

问：那皇上父子俩是怎么相认的？

张：皇上知情后，马上派人去西内迎接小皇子。纪氏还抱着儿子，边流眼泪边交代他说："见到一个身穿黄袍，脸上有胡须的人，那就是你的父亲，娘恐怕是活不了了……"于是小皇子换上红色袍子，乘着小轿来到殿前，一见到皇上便扑到他怀

诏令

宫女纪氏所生的五岁男孩，经查验已证实为皇子无误，即日起收归皇室教养。纪氏移居永寿宫，并享有应得的待遇。

大明皇帝
朱见深
成化十一年

我终于有儿子了！

爸爸！

等等！先验亲子关系再说！

里。皇上把这个乖巧的小孩抱在膝上，盯着他未剪的胎发及又圆又萌的小胖脸看了好久，根本连亲子关系都不必验，因为父子俩实在长得太像了。

问：这件事能圆满落幕实在太好了，谢谢你接受访问。

张：谢谢，我只希望小皇子能平安长大。

纪氏张敏骤逝　贵妃涉嫌

十一月时皇帝终于正式颁诏，册立朱祐樘为皇太子，同时大赦天下。但令人惋惜的是，太子生母纪氏却早在今年六月间暴毙，并被追封为淑妃。虽然纪氏的死因成谜，但一般认为应该与万贵妃脱不了干系。而在太子朱祐樘能够存活下来到被封为皇储的过程中，一直扮演着关键角色的宦官张敏，则在得知纪氏死讯后，因为怕自己就是下一个遭到残酷迫害的对象，所以也已经吞金自尽。

反毒教育？
万贵妃端出美食　小皇子不为所动

朱祐樘被立为皇太子后，周太后为免自己唯一的宝贝孙子遭到万贵妃毒手，便把他带到仁寿宫内自己抚养。但日前，万贵妃派人前来邀请皇太子到她宫中用餐。临行前，周太后千叮万嘱交代小皇孙，去了也千万不能吃万贵妃给的东西。之后万贵妃满脸笑容地拿出好吃的食物，太子就说："我已经吃饱了。"万贵妃又命人送上香喷喷的羹汤，他还反问："这羹里有毒吗？"让万贵妃当场傻眼。等到太子离开后，万贵妃气得大骂："小小年纪就这个贱样，长大以后一定会对我不利。"据宫中御医表示，万贵妃还因此事急怒攻心，结果生了一场大病，现在健康状况已经大不如前。

这很好吃哦！

……

朱祁钰获得平反　景皇帝恢复称号

之前朱祁镇复位后，基于被夺去皇位且遭到长期软禁的怨恨，不但将朱祁钰废为郕王，还故意在他死后给了个"戾"的恶谥来加以羞辱。但相较于父亲执着的怨念，朱见深显然对叔父朱祁钰的评价比较客观。为了纪念他在大明危难时挺身而出抵抗瓦剌大军侵扰，保全了社稷的贡献，朱见深下诏宣布恢复朱祁钰皇帝的称号，并为他上了个"恭仁康定景皇帝"的谥号作为平反。

年度热搜榜

流民再次聚集　朝廷启动安置机制

在项忠平定荆襄之乱后，只要是已编入户籍的流民，都给予免征三年赋税的优惠，而没有被编入户籍的民众便被赶回原户籍地。同时在各要地增设巡逻哨及营堡，严禁流民再次入山聚集作乱。虽然一开始执行得很有成效，但时间一长，禁令渐渐松弛，流民也越聚越多。为了避免动乱重起，朝廷吸取教训，在事态还没变严重之前，便指派左副都御史原杰前往安抚。原杰到任后，积极走访各地，大力宣扬要增设郡县让流民编入户籍成为一般百姓，并以较低标准征收田赋的政策。本来生活无以为继的流民，一听到有机会可以重新开始，便都欣然归附。最后湖广、河南、陕西等地，共收编十一万三千余户，总计四十三万余人，成功地化解了一场可能发生的武装动乱，也安顿了这些原本漂泊四方的可怜百姓。

年度热搜榜

【明·成化十三年】公元一四七七年

太监汪直少年得志　西厂权势如日中天

由于汪直外出侦查情报的表现十分亮眼，皇帝因此特别成立另一个特务机关"西厂"交由汪直全权管理。虽然汪直才十五六岁，但他敢作敢冲无所畏惧的个性已深得朱见深信任，所统领的情报人员也比"东厂"还要多，权势更在锦衣卫之上，他可说是当朝第一红人。

> **名词解释**
> ### 东厂、西厂
> 东缉事厂及西缉事厂之简称，两者都是直接向皇帝负责，而由宦官执掌的高级特务单位，权力更高于锦衣卫。

汪直借事立威　朝臣惊恐不安

建宁指挥同知杨晔（杨荣曾孙）因为在乡里作恶、闹出人命而被举报，他想通过他姐夫礼部主事董序的关系，找锦衣卫军官韦瑛帮忙把事情压下来。但韦瑛原本就是个无赖之徒，在骗光杨晔所有的钱后，竟反过来向汪直告密。汪直逮捕杨晔及董序后，因为钱早已被韦瑛搜刮一空，便一怒之下施以酷刑。杨晔被折磨到骨节寸断后受不了，只好供称还有大批钱财寄放在叔父兵部主事杨仕伟家中，结果杨仕伟一家无辜遭祸。汪直利用此案，诬陷很多大臣收取杨晔贿赂，一来在朝臣中立威，二来赢得皇帝的信任。现在的汪直逮捕朝中大臣都不必事先奏请，连民间斗殴琐事也都动辄以严刑逼供。种种行径，已使得朝廷内外恐惧不安。

百官反扑奏效　西厂遭到解散

汪直铺天盖地的非法侦查及无所顾忌的逮捕诬陷，终于引起群臣反扑。内阁首辅商辂等人率先上疏陈列汪直十二条罪状，直言西厂"伺察太繁、法令太急、刑网太密"，并表示若不立刻罢免汪直的话，天下安危将无法预料。不过皇帝看到奏疏后颇不以为然，生气地反问只不过任用一个宦官，怎么可能会危及天下？还传旨斥责内阁发言不当，简直是危言耸听。但商辂等并未就此退缩，继续据理力争，兵部尚书项忠也联合六部九卿对汪直发起弹劾并请求解散西厂。由于朝臣态度一致且极为坚定，逼得皇帝只好让步，暂时停止西厂的运作，无奈地让汪直回御马监报到，连之前汪直极为倚重的韦瑛，也被调到边塞戍守卫所。虽然此命令一宣布，朝野人心为之畅快，但据了解，皇帝并没有将汪直冷冻起来的打算，私底下还是命令他四出探查外界动静。甚至还特别任命较有学问底子的锦衣卫副千户吴绶，在镇抚司审理案件，以辅助汪直行事。

绝地大反攻！　汪直绝地反击　项忠商辂落马

在前一波与朝臣抗争中看似落败的汪直，由于有皇帝在背后支持，没多久便开始展开绝地大反攻。兵部尚书项忠最先中箭落马，在汪直及吴绶的诬陷下被罢职为民。这时候，

任官九年期满而没有升迁的御史戴缙，为了替自己开拓新的政治生涯，因而迎合皇帝心意，上疏表示灾情和特异现象的屡次降临，都是因为群臣毫无建树。而彻底解决这个问题，只有能惩奸除恶的汪直办得到，恳请重新任用这位济世贤才以应上天之意。戴缙写好奏章之后，托好友吴绶拿给汪直过目。汪直一看高兴得不行，便立即转禀皇帝。有了这么名正言顺的理由，西厂当然马上就开始重新运作，而汪直的权势则变得比以往更为显赫。内阁首辅商辂听闻汪直打算对付自己，也深觉无力回天而辞职还乡。商辂去任之后，果然有数十位大臣受到汪直诬陷与排挤，遭到免职或是被强迫退休，使得朝中再也无人敢与汪直抗衡。唯一在这波人事大震荡中逆势而上的，只有对汪直极尽谄媚之能事的戴缙，目前他的官位已经三级跳，进入政治核心。

年度热搜榜

覃力朋仗势杀人被逮捕　　汪直不徇私获皇帝信任

去年冬天，南京镇守太监覃力朋趁着进贡回京的机会，不但用百艘船装载私盐企图走私牟利，还沿途勒索骚扰所经过的州县，官员与百姓都不堪其扰。行至武城时，因为被当地典史（县衙的办事官员）拦下盘问，恼怒的覃力朋竟然不由分说便打断他的牙齿，还放箭射死一人。这件事刚好被正在刺探各界消息的汪直得知，他便立即向上呈报并将覃力朋逮捕入狱。由于汪直与覃力朋都是太监，所以皇帝因此认为他公正无私，对他也更加信任。

无耻但是有用！

戴缙再升官　　群臣齐仿效

戴缙被擢升为尚宝少卿之后，对这个位置仍不满足，更使劲巴结汪直，并再度被擢升为右金都御史。群臣见到戴缙青云直上，便用尽各种方法谄媚汪直，称西厂揭发奸恶小人，不光在当下好用，还足以沿用千秋万代。只不过这些话传开后，激起天下舆论强烈批评，人们对于官员甘心充当鹰犬，朝廷纲纪荡然无存的现象纷纷加以批判。

辽东激民变　汪直欲领军　马文升恐引杀身之祸

一直想在战场上大显威风的汪直，听到辽东发生民变，便请求皇帝让他领兵平乱，司礼监太监怀恩因此奉旨前往内阁会同兵部商议此事。对汪直一向很反感的怀恩，便私下暗示应该指派一位大臣前往安抚，才能阻止汪直领兵出行，于是阁臣们便联名推举了马文升担负此任。汪直得知结果后大失所望，便退而求其次要求让他的心腹王英随军前往，没想到又遭马文升拒绝，让他心里很不是滋味。据闻，已有多名友人提醒马文升，要他当心汪直的挟怨报复。

杨继宗贤能廉洁　汪直竟全力举荐

虽然汪直陷害了许多正直官员，还让心腹戴缙蹿升高官，但其实他也举荐过像杨继宗这样贤能廉洁的大臣。杨继宗初任嘉兴知府时，不像其他官员爱摆大阵仗，只带着一名仆人前往。到任后由于为官清廉，不畏权势，所以施政满意度一直居高不下。据闻，之前还有路过嘉兴的宦官想向他索要钱财，而杨继宗则当场签发文书提取官银，然后说："金银都在此，只要留下收据就可以拿走。"这招果然令想要强行索贿的宦官吓得摸摸鼻子走人。而当他任期届满依例入京朝觐时，想笼络他的汪直便派人前往邀宴，但杨继宗却拒而不见。原本所有人还以为汪直定会找机会报复，但没想到在一次偶然的机会里，汪直却反而向皇帝推荐说"天下不爱钱财的官员，只有杨继宗一人而已"，也因此杨继宗被破格升任为浙江按察使，成为汪直乱政中的一个特例。

陈钺闯祸急忙抱大腿　汪直拿钱办事不手软

马文升受命飞驰辽东后，发现民变的起因是辽东巡抚陈钺为了假报军功，派兵屠杀无辜百姓谎称是敌军首级，于是便以怀柔的方式进行安抚，很快便控制了整个局面。但此时皇帝也接受汪直的请求，批准他带着王英一同前往辽东督查军情。陈钺得到消息后，便派人贿赂汪直的左右随从，让他们在汪直身边替自己说好话，还强迫所经之处的百姓在路旁跪拜迎接。然后亲自出城跪在郊外匍匐相迎，又提供大量金钱以奢华生活来取悦汪直。同时不断挑拨，企图扳倒素来与他不和的马文升，早就心里有数的马文升也只能识相地把所有功劳都让给汪直。但从种种迹象来看，马文升的处境还是十分危险，和汪直的冲突一触即发。

哼！
走着瞧……

陈钺企图借汪直的势力打击马文升

年度热搜榜

五雷术对皇帝胃口　李孜省获天子宠信

不久前，朱见深任命一个江湖术士为太常寺丞（中级官员），引发舆论的强烈批评。这个事件之所以引起反弹，是因为当事者李孜省原本是江西布政使司一个因贪赃枉法而遭解职的小吏。被罢黜后，他得知皇帝正沉迷于方术，于是去学"五雷术"，然后用厚礼结识宫中宦官梁芳，以画符箓的技能得到皇帝恩宠。此项人事令一公布，言官们便争相上疏，说让一个贪赃枉法的刀笔小吏掌管负责祭祀的太常寺，无异于亵渎天地宗庙。朱见深迫于群臣的压力，只好将他改调别的职务。不过，据闻皇帝对李孜省的宠爱却是有增无减，甚至还赐给他"忠贞和直""妙悟通微"两枚印章，允许他密封奏请。据悉，当红的李孜省

李孜省以五雷之术获得皇帝的宠爱

已经与宦官梁芳等人结党营私，恐引发另一波政治危机。

陈钺闯祸马文升扛罪　数十言官连带遭廷杖

上次才刚闯祸的辽东巡抚陈钺，再次因杀人冒功激成动乱。朱见深派太监汪直，偕同定西侯蒋琬、刑部尚书林聪等人前往调查此事。但汪直早就把陈钺看成自己人，一心偏袒，便将所有罪责推到刚从辽东返京的兵部右侍郎马文升身上。硬是把马文升当初禁止买卖兵器，说成是禁止设市买卖农具，因此激起民众抗争巨变。原本应该主持正义的蒋琬、林聪等人因畏惧权势，所以调

查报告也都完全按照汪直的说法去写。结果害马文升被逮入锦衣狱中严刑拷问，不久更被贬成四川充军。但事情到此并未结束，此案件中没有积极配合汪直的给事中、御史等官员，竟然被降旨严责，还得写书面的自我检讨。于是给事中李俊等二十七人，御史王瀿等二十九人，只好联名上疏请罪，最后每个人被罚廷杖二十，全都被打得血肉模糊。

边臣谎报鞑靼进犯　汪直出巡耗尽边储

今年七月间，宣府、大同等地的边防军官多次回报敌军入侵，让整个兵部紧张起来，赶紧请求朝廷派人前往巡视。于是汪直便领命，浩浩荡荡带着一行人出发。但他在意的似乎不是边情的紧急，所到之处，不但都御史等级的官员及其部属都要跪在路旁迎接，他左右的亲信还借机大肆索贿。为了不得罪

权贵，官员们私下请见时，只敢唯唯诺诺地回答，边储也因为用来贿赂而耗尽。令人惊讶的是，早已北迁的鞑靼部落因为内部政变恶斗，所以根本没有南侵的意图及能力。之前所有敌军进犯的军事警报，都是边臣为了虚报守御之功以求封赏而胡乱捏造的假消息罢了。

我不是申请要一柄丈八蛇矛吗？给我这个是要怎样！

没办法，钱都被拿去买礼物孝敬汪直了！

边镇官员为了行贿，已经耗尽边军储银

汪直无耻袭杀贡使　女真复仇发动猛攻

在时序即将入冬之际，朱见深在辽东巡抚（高级官员）陈钺建议下，命汪直监军，陈钺提督军务，以抚宁侯朱永为总兵官，率领部队开赴辽东准备征讨女真。当汪直一行人到达广宁时，正好遇到海西女真的头领带着数十个人入关朝贡。汪直为了虚报战功，居然将他们杀害，然后挖出坟中的死人骸髅当作敌军首级请赏。朝廷不疑有他，在大军班师后，加汪直岁禄、监督十二团营，升朱永为保国公，陈钺擢为户部尚书，辽东巡抚

之缺由一向依附汪直的王宗彝升任。为了赏赐一千多名立下军功者，辽东积蓄十几年的米和军饷也损耗殆尽。杀害贡使的行为，更激起海西诸部对大明的仇视。到目前为止，已经发生了多起报复事件，无辜的百姓遭到杀害，连尸体也惨被肢解。而那些在封赏中拿到不少好处的边将，则是全都像缩头乌龟一样敛兵不出，陈钺也将冲突事件隐匿不报，任凭边民继续生活在恐怖攻击的阴影之下。

年度热搜榜

【明·成化十六年】公元一四八〇年

未见鞑靼犯边　明军主动出击

由于延绥通报说鞑靼部落即将举兵犯边，于是朝廷便任命朱永为平虏将军，由汪直监军，兵部尚书王越提督军务前往讨伐。虽然对边务十分熟悉的余子俊认为鞑靼并没有进攻的意图，不应轻易出兵兴起事端，但王越见之前陈钺因征讨辽东升迁得宠，所以也急于立功，便力劝汪直出兵大漠。正是热血年龄的汪直自己也一直很想在战场大显威风，于是便命明军兵分两路，朱永率大军由南路推进，王越与汪直率轻骑部队由西路出发，主动对鞑靼部落发起攻击。

兵分两路有玄机　鞑靼遭袭引仇恨

由王越及汪直率领的西路军，在风雪中潜行至威宁海子，对鞑靼部落发动奇袭，砍下了四百三十余颗首级，夺得了马驼牛羊六千匹，大唱凯歌而还。事后王越因功封威宁伯，汪直再次增加俸禄，升官者二千九百余人，被赏者则高达一万七千九百余人，不过此役无功而返的朱永则不在封赏名单之中。据了解，其实鞑靼部落就是因为无意进犯边境，所以才西迁至威宁海子，这次明军奇袭，杀害的根本都是毫无准备的老弱无辜。而且其实一开始王越就已经得知鞑靼部落的确切位置，却故意摆了朱永一道，让他往错误的方向前进，在大漠中找寻那不存在的目标，最后自己独居奇功。而原本已经不打算袭扰边境的鞑靼部，却因为明军的偷袭，再度挑起仇恨，所以又开始不断地袭扰边境。在兴起干戈的大官们封侯受赏、吃香喝辣的时候，边境百姓的生命财产却饱受威胁，又要开始过着每天提心吊胆的日子。

陈钺冒功事发竟无罪　强珍揭露事证反遭刑

先前陈钺为了冒功，杀害无辜百姓谎称敌人首级，因而挑起边界动乱的事情终于败露！巡按辽东御史强珍发现事实真相，便上疏揭发此案，并奏请依欺瞒之罪论处。但是，一开始朝廷竟没有什么反应，一直等到余子俊也为此上奏后，朱见深才终于做出了惩处，只不过闯下如此大祸，肇事者要付出的代价却只是不痛不痒的停发俸禄而已。几个月后，陈钺终于盼到汪直回京，便出城五十里相迎，一把鼻涕一把眼泪地说他遭到强珍恶意诬陷。见到自己人被欺负，汪直亲自出面反咬强珍的弹劾全是虚假之词，结果皇帝也没有深入了解，竟然就下令锦衣卫将强珍抓回京城。更过分的是，汪直还直接把人关押到御马监严刑拷打，修理够了之后才将强珍发配到辽东充军。而兵部和那些曾经弹劾过陈钺的言官，则被罚停俸三个月。这次事件过后，虽然南京十三道御史以及六科给事中，又都上疏弹劾陈钺，但朱见深却因为已经受汪直洗脑，所以全都置之不理。

司法改革大开倒车　会审排除阁臣　改由宦官指导

朱见深的一道圣旨，大刀阔斧地在司法体制上做出重大改变。由阁臣会审的惯例完全舍弃，改成每五年在北京及南京两地，由太监会同司法单位对刑案再次审录。虽然因新形态"大审"释放的人数倍增，看起来这项政策让更多人获得自新或平反的机会，但事实上掌权的少数人，为了博得美名，已经不顾刑罚之本意，而仅凭一己好恶做决定。司法单位则惧怕太监权势，罔顾立场，完全依太监之意来做裁决。结果放掉的人，不是出重金行贿的，就是拿来充作业绩的流民。而与太监们有过节的，则是继续关押或是静候处决。评论家指出，此次改变让宦官的影响力进入司法体系中，势必导致弊端丛生，带来无穷的后患。

我右手边长得抱歉的无罪释放好了，另一个敢比我帅，就继续关吧！

大人英明！

新闻回顾

明朝的司法改革

永乐年间，明成祖朱棣定下了"热审"惯例，在一定的程序后，将狱中一些轻刑犯予以遣散。到了洪熙时期，明仁宗朱高炽命内阁与司法单位对重刑犯进行"会审"，以降低冤狱及过重量刑的比例。明英宗朱祁镇则是将会审的成员扩编到公、侯、伯爵，与三法司一同进行"朝审"。

装神弄鬼升高官　僧道法师任要职

近来受宠的方士李孜省再度获得升迁，虽然仍掌管上林苑（御用园林），但职衔却升为正四品的右通政（中级官员）。通政司（章奏公文收发部门）的官员王昶因为厌恶李孜省以道术奸邪乱政，所以在遇见他时不愿屈身行礼，结果马上就被降职处分，也使得其他官员再也不敢出面弹劾。而皇帝日益沉迷方术，使得直接传奉任官的方士僧道也多了起来，除了李孜省之外，像是顾玒、赵玉芝、凌中、邓常恩等人，也都身居太常寺正副首长要职，一伙装神弄鬼之徒狼狈为奸，朝堂之中谈论的尽是扶乱作法的江湖骗术。

风水轮流转！尚铭反咬一口　汪直渐受冷落

深受朱见深信任的汪直，最近受宠程度似乎开始降低，逐渐远离了政治核心。会有如此戏剧性的转折，与掌管东厂的宦官尚铭有密不可分的关系。他先是依附汪直而得到机会晋升，但由于一次宫中盗窃案，尚铭不负所望迅速抓到盗贼向上奏报，因而获得极丰厚的赏赐。不过，此事却引起汪直不悦，认为他故意抢功。尚铭知道汪直怀恨在心之后十分害怕，只好先下手扳倒汪直。由于之前汪直曾经向心腹王越泄露过许多宫中内幕，后来这些秘密被传出去，让尚铭得知，他便趁着汪直在外监军时向皇帝告状。朱见深从此以后开始怀疑汪直，甚至汪直一再请求班师回朝，想巩固自己的地位，都没有得到允许。这样的局面或许是汪直想要借着在外领兵建功时，所始料未及的吧。

赏赐过滥乱花钱
太仓储银补内府

由于朱见深滥行赏赐，内府皇帝小金库的银两不够支用，只好下令从专管战备储银的"太仓库"中提取三分之一的白银弥补缺口。财经专家警告，虽然目前太仓库储备的白银还有数百万两，不至于马上出现财政缺口，但如果这种挪用方式变成惯例的话，不出几年，边防经费必定入不敷出，这将造成国防安全的严重问题。

原本依附着汪直的宦官尚铭后来居上

159

年度热搜榜

皇帝眼睛业障重？ 太监横行　无法无天

太监的恶行恶状早已不是新闻，皇帝的纵容才令人气结。不久前太监郭文办完事要回京时路经沛县，因为知县马时中款待不周，便把他儿子抓起来毒打。一见儿子不堪痛苦与屈辱跳河自尽，马时中便急忙跳入水中把人救起并大呼冤枉。但这样却更加惹恼郭文，居然把这位县老爷的衣服剥光捆绑游街。沛县百姓见到自己的县令受到太监如此凌辱，愤怒地围住郭文的船群起抗议。郭文见大声呵斥也无法驱散人群，一怒之下便命令家丁拿兵器攻击手无寸铁的群众，在混乱中杀死了两个人。引起轩然大波后，马时中向皇帝翔实奏报此事，但由于郭文已经先一步告状，所以朱见深先入为主地认为一切都是马时中的错，竟然完全无视实情，下令将马时中锁到京城，并投入狱中等待接受进一步侦讯。

大快人心！

汪直失势废西厂　阉党陈钺遭免职

由于汪直为求在军事上建功立威而长期镇守在外不能回京，加上同为宦官的尚铭不断从中作梗，使得汪直在皇帝心中的地位直线下降，远非昔日可比。善于察言观色的言官们看出这种微妙的变化，便开始请求罢免西厂。内阁大学士万安也抓准时机上疏谏言，表示东厂的规定及法制完善，人们容易遵循，当初设立西厂原本就只是权宜之计，此时它已完成阶段性任务，应当予以废除。由于朱见深对汪直的印象已经大不如前，所以也同意废除西厂。一向巴结汪直的兵部尚书陈钺在主子失势后，也立即遭到弹劾免职，朝廷内外重现许久未见的新气象。万安为了避免善用诡计的王越想出方法让汪直回京重新取得皇帝信任，便奏请将王越从大同调往延绥，让他与汪直分开。一般认为，汪直经此打击，虽然没有遭到弹劾清算，但也很难再有翻身机会。

呦！这不是不死鸟吗？

年度热搜榜

省很多！皇帝的不花钱送礼法
朱见深不再赏赐盐引　原因竟是……

自朱见深即位以来，许多宦官便恃着恩宠，请求赐予各地的"盐引"（官盐贩卖许可凭证）牟利。太监梁芳等人，手上所存积的盐引更是高达数十万引之多。不但宦官如此，许多贵族外戚见状也跟着胡乱乞求，希望以此得到额外的财富。朱见深对于这种不用从口袋拿出银子的赏赐觉得异常方便，加上主管的户部大臣也没能坚持立场据理力争，使得赏赐出去的盐引已经泛滥到无法计算。但如此滥发盐引，会导致商人由正常渠道，即向边塞输送米粮所换取的盐引壅滞。特权盐引不断插队领盐，因为没有成本，所以可用低价售出，严重扰乱市场价格，让盐商就算领到盐也卖不出去，逼得盐商走投无路，不是倒闭就是放弃这项生意，造成边塞储备粮食日渐匮乏。日前，朱

但这真的很方便啊，又不用花钱！

皇帝滥赏盐引已造成重大的经济及社会问题

见深终于下令户部张榜告谕，禁止再有人乞请盐引。只不过促成这纸诏令的原因，并不是皇帝想要力除错误政策所带来的后患，而是不久前宦官王钿又求赐盐引，终于让他觉得不堪其扰罢了。

宦官乱政　大明祸害

监军汪直地位急贬　尚铭取而代之

许宁和王越互换防地后，前来镇守大同的总兵官许宁与监军汪直之间便为了争位次高下而屡爆不和。适逢边境情势紧张，巡抚郭镗将此事上奏朝廷，由于汪直久未入京，已渐渐失去朱见深信赖，所以他毫不留情地将汪直调到南京御马监，另派宦官蔡新来代替他镇守大

同。不久，言官们又上疏弹劾汪直八大罪状，汪直也因此再度被贬为奉御（中级宦官），党羽王越、戴缙等人也都先后遭到罢黜。政治分析家指出，汪直的下台，并不代表皇帝已经意识到宦官的胡作非为对国家造成多大的伤害，只能算是太监内部的内讧。回顾当初内阁

大学士商辂揭发汪直恶行时，他只花了不到一个月的时间便再次获得重用。如今是因为另一名宦官尚铭得宠，趁机在皇帝耳边进谗言，才使朱见深开始贬斥汪直。看来宦官乱政的问题将会是大明的最大祸害，宠信宦官的皇帝必须担负最大责任。

继晓册封为国师　其母表彰惹争议

僧人继晓在宦官梁芳的引荐之下，以神仙方术、点石成金等把戏获得了朱见深的宠爱，因而被封为"国师"，然而民间却揶揄其为"妖僧"。日前继晓为他的母亲朱氏请求朝廷表彰，此刻正沉迷于方术的朱见深，二话不说便爽快地依其所请，下令相关部门尽快处理此事。虽然负责的官员发现继晓的母亲原本是名娼妓，完全不符合表彰资格，但皇帝却仍下令要礼部不必再行查核，直接立牌坊、赐匾额，以旌表其门。此举遭到各界强烈批评，认为这次的旌表命令已经丧失了原意，矗立在乡里的贞节牌坊将成为一座毫无意义的路障。

善哉！善哉！

平息众怨　传奉官过滥　引发官员抨击　朱见深下令罢废

近十几年来，因传奉官日渐泛滥，衍生的问题也越来越多，所以越来越多的官员为此问题上疏劝谏。朱见深在看了这些奏章之后，竟然一改以前置之不理的态度，下令贬李孜省一级俸禄，并罢黜凌中等十二个废物官员。政治分析家表示，虽然这次人事变动让朝廷内外大为称快，但这次的惩治行动，并没有波及与方士勾结的宦官梁芳，皇帝对那些方士的宠信也并没有减少，这次调整只是用来堵住朝廷内外不满与埋怨的手段而已。

名词解释
贞节旌表

贞节旌表是指朝廷对守节不再嫁或拒受污辱而赴死的妇女的崇高表彰，最早出现在春秋战国时代，但一直到隋唐时代，才正式列入典章制度。明代以前，这种观念并未受到重视，受到旌表的贞节妇女，被认为是极难超越的模范，一般人改嫁的情形十分正常。明代承袭前制，贞节旌表分为"节妇"和"烈女"，节妇为三十岁之前丧夫，守节到五十岁以上的妇女；烈女则是为维护自身贞操而逝世的妇女。近来由于受到旌表的人数暴增，四处可见的贞节牌坊及官员的不断宣传，造成守节才是正道的社会氛围。妇女一来要承受舆论的压力，二来也因守节可以保障自己在家族中的地位及财产继承权，于是更多妇女不敢轻言离婚，丧偶之后也选择了守寡。据统计，在宋代以前，有记载的贞节烈女加起来不到百人，整个宋朝有一百多人，元代三百多人，到了明代，获得旌表的妇女竟高达二万七千多人。

年度热搜榜

掌权东厂无恶不作　太监尚铭终尝苦果

掌权东厂的太监尚铭在斗倒汪直之后，干下的坏事更多，不过现在报应轮到他自己头上。他专挑京城富豪之家罗织罪名，借以收取重贿的不法事迹被揭发，终于被朱见深下令打一百廷杖，然后发配南京净军（加入全由宦官编成的部队当兵），家产也被全数查抄，送到内府当作皇帝的私房钱。目击者表示，一车一车的金银珠宝，连续运送好几天才运完，可见尚铭任内贪渎之严重。至于接任尚铭掌管东厂的人选，则是与太监怀恩关系密切、被认为是少数德行良好的宦官之一的陈准。他在到任后，已经告诫诸校尉不可随意干预政事、妄生事端。一般认为，在陈准掌管东厂的这段时间，应该会暂时还给政坛一个清新空间，暂时摆脱宦官滥权的阴影。

政坛清流　林俊张黻上疏遭杖贬　怀恩王恕仗义诉直言

刑部员外郎林俊看不惯政风日坏，便上疏直言宦官梁芳勾结万贵妃，浪费公款以满足其奢华生活，他推荐的僧人继晓所获得的赏赐也多到无法计数，导致历朝所累积的皇室经费全部耗尽。不过因事涉皇帝最宠爱的万贵妃，所以朱见深一怒之下便将林俊逮入锦衣卫狱严刑拷问。后军都督府经历（中级官员）张黻为此不平而上疏论救，结果反而更惹恼皇帝，不但把他也打入大狱，甚至想置二人于死地。忠心耿直的司礼监太监怀恩见事态严重，勇敢地出面据理力争。但朱见深越听越气，拿起桌上的砚台便往他身上砸过去，面红耳赤地大骂："你……你……这是在……在帮……帮林……林俊讥讽我吗？"被墨汁洒了一身的怀恩马上摘去帽子伏地号哭，最后被轰了出去。怀恩退下后，派人到镇抚司斥责他们谄媚梁芳，陷害林俊的丑行，警告他们不得杀害林俊。在怀恩称病请假后，朱见深似乎也觉得自己做得过火了，便派太医去为怀恩诊治，同时也不再坚持要取二人性命。最后在各受三十廷杖之后，林俊被降级为姚州判官（低级官员），张黻则被贬黜为师宗州知州。南京兵部尚书王恕事后也为此上疏严厉批判，表示林俊与张

只要批评到万贵妃，就会触动皇帝的警铃大响

黻只是因为直言进谏便遭到严惩，这将使以后没有人敢说真话。不过朱见深这次倒没有大发雷霆，只是不予任何回应。太监怀恩看到王恕的奏书之后，私下表示全天下的忠义之士大概只剩下王恕，对于其他人不敢挺身而出的政治生态十分感慨。

年度热搜榜

【明·成化二十一年】公元一四八五年

UFO? 多人目睹不明飞行物

正月初一下午，北京城附近许多民众目击有火光从天空正中央坠下，先化为一团白气，之后又曲折上升。就在大家仰望天空议论纷纷的时候，突然又出现一个看起来像碗一样大的红色发光体，在天空中径直向西飞行而去，并发出有如雷震一样的轰隆之声。不过目前尚无官员出面对此一怪异现象做出任何解释。

天人感应　官员奉诏上疏直建言
惩恶扬善　皇帝记恨枉入黑名单

由于自古以来皇帝都笃信"天人感应"之说，当天象有异变时，表示国政在某些地方出了问题，这时应该重视上天的警告并调整施政方针，否则会招致更大的灾祸。而大年初一的异象，让朱见深吓得要群臣赶紧建言施政缺失。于是吏科给事中李俊便率同僚上疏："天变的原因，就是近幸干政、大臣不称职、爵赏太滥、工役过烦、进献太多，以及忠臣未能复官平反。官员勾结内宦以求安身晋升，官位沦为利益交换之道具。乞请罢黜不称职之大臣、尽罢传奉官，尤其是国师继晓，更是

假妖以济私、耗费尤甚，为世人所切齿。"在此之后，给事中卢瑀、秦升、童枓，御史汪奎，员外郎崔升、彭纲，主事张吉、苏章、李旦，中书舍人（内阁文书誊写官）丁玑，副都御史彭韶，南京兵部尚书王恕等，也都上疏痛陈李孜省、继晓以及传奉官过滥的弊端。皇帝因天象有变心生恐惧，所以虽然听得很不舒服，但为了因应天变，还是下令降李孜省为上林苑丞（低级官员）。继晓被弹劾后自知无法继续在政坛混下去，便自请归家养母，因此被革去国师的称号，罢为平民。接着，吏

部上奏免去传奉官五百六十余人，皇帝诏留其中六十七人；兵部奏罢五百零三人，皇帝诏留三百九十四人，其余全数罢斥。之前因建言获罪，被贬谪到云南的林俊、张黻则获得赦免，改到南京任职。虽然此举让朝野一致称快，但皇帝表面上不能问罪这些上疏直言的官员，心里仍有芥蒂，密令吏部尚书尹旻将上言的六十人姓名写在屏风上，准备以后一有机会就贬降出京。如此看来，相信不用几个月的时间，李孜省等人便会官复原职，受宠如故了。

164

梁芳勾结万妃欲换太子　适逢泰山地震不了了之

　　林俊揭发太监梁芳靡费内府金银，做成奇技淫巧之物谄媚万贵妃一事后，让朱见深下令清查内府库藏，这才发现库存金银已经快被花光，因而严厉谴责梁芳。事后梁芳越想越怕，担心等太子继位之后，自己难逃被清算的下场。于是力劝万贵妃，要她去说服皇帝，废除她也不喜欢的太子朱祐樘，改立邵妃的儿子。对万贵妃一向言听计从的朱见深，果然很容易就被说动了，叫来司礼监太监怀恩，暗示他去办妥此事。怀恩一听，立刻脱下帽子伏地叩头，痛哭说："奴才死也不敢承受此命，宁可陛下把我杀死，也不要天下人把我杀死。"皇帝一气之下，就把怀恩贬到凤阳去看守皇陵。后来却遇到泰山屡次地震，占卜者声称此卦象对应东宫太子，令一向迷信的朱见深因深感恐惧，才不再提换太子的事。

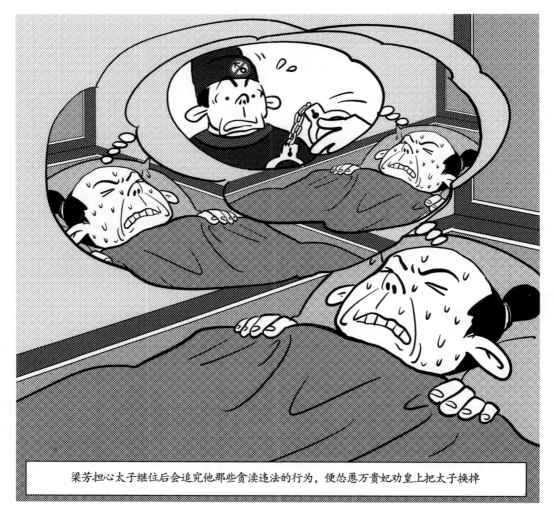

梁芳担心太子继位后会追究他那些贪渎违法的行为，便怂恿万贵妃劝皇上把太子换掉

165

万妃擅宠后宫　家人奴仆封官

朱见深不久前因为天变建言，才刚罢斥一批传奉官，让朝廷气象为之一新，但没过几个月，竟然再次跳过正常任官程序，由宫中传出一批新的人事命令。名单中列在首位的就是后军都督府带俸都督金事万达，以及升为指挥同知的万祥。另外徐达也被任命为指挥金事，万安、万泰、王贤等人为百户。眼尖的人不难发现，名列高官的万达、万祥就是万贵妃的家人。这个徐达也跟开国第一功臣徐达毫无关系，只是万家的一个仆人，名单上的其他人也大都是万家后辈子弟或家仆，甚至连万贵妃年仅两岁的侄子也被封了官。有人就戏称，说不定紧接着拜官封侯的就是她家里养的那些猫狗宠物了，这种现象实在是当今政坛的一大乱源。

万贵妃受宠后家人奴仆都相继当官，
说不定连宠物都快要当上朝廷命官了

地方恶习　嫁妆所费不赀　女婴惨遭溺毙

结婚嫁娶，人生一大喜事，但若为了嫁妆而伤透脑筋，甚至闹出人命，那就是天大的遗憾。温州、台州、处州三府的百姓，由于在习俗上需要为女儿准备为数可观的嫁妆，所以有许多人家，只要一看生出的是女婴，就会直接把婴儿溺毙，以免日后负担这笔婚嫁之费。不久前有官员为此上疏，请求朝廷能够明令禁止此等残忍不仁之事。经调查后发现，其实不只上述三府，连宁波、绍兴、金华，以及江西、福建、南直隶等处，也都频频传出溺死女婴的案件。针对此事，中央在日前做出回应，由皇帝正式下诏，要求今后民间婚嫁妆奁要与家产相称，不许奢侈，再有犯者将发配远方。

年度热搜榜

【明·成化二十二年】公元一四八六年

李孜省谗言乱政　名贤臣纷纷落马

李孜省受宠后，不断以方术扰乱朝政，不但让皇帝沉迷于扶乩祝祷，也屡屡以神谕为由干预人事任命。御史姜昂看不惯李孜省把朝政搞得乌烟瘴气，便与同僚一起上疏弹劾。但朱见深早已把李孜省当成活神仙般崇拜，不但没有听进这些逆耳忠言，还以妄言之罪把姜昂等人廷杖于午门外。

不久，一向敢言而且正直、力阻权贵不遗余力的南京兵部尚书王恕，也因强烈反对传奉官复职而惹恼皇帝，因而在南京兵部侍郎申请致仕时，也被朱见深顺道批示让他一起退休。颇有政绩的兵部尚书马文升则是因为李孜省在皇帝耳边说了几句话，便被外调到南京去接替王恕的位置。中央一举罢黜两位名臣的大动作，令朝野为之惊骇，忠心爱国之士无不感到痛心。另外，工部主事王纯，在有感而发提笔上疏请求留任王恕之后，竟也被罚廷杖并远贬为贵州推官（低级官员）。

纸糊三阁老　泥塑六尚书

在诸位名臣遭到外放、罢黜，或强迫退休后，现今在位的政府官员，都只剩下些尸位素餐、精于营私的老家伙。由于朱见深基本上不过问朝政，官员靠着逢迎皇帝、勾结宦官，以及排挤他人而高居要职，只会坐在衙门里喝茶聊天混日子，政治上毫无建树。因此现在各方舆论讽刺万安、刘吉、刘翔三个内阁大学士是"纸糊三阁老"，而吏、户、礼、兵、刑、工六部尚书，是"泥塑六尚书"。

毫无建树，每天只会喝茶聊天的内阁大臣被笑称为"纸糊三阁老"

哇！这纸糊人像做得好逼真啊！

没礼貌！我们本来就长这样子啊！

又是宦官诬告害命　陈选受屈枉死道途

　　在地方上百姓满意度极高的广东布政使陈选，不久前因被人检举贪污，而在押解至京的半途病死。但其实这根本是一起离谱的诬告案件，而幕后黑手就是镇守市舶司（海关税务司）的宦官韦眷。原来，去年（一四八五年）皇帝下诏让各地减少贡献物品给皇室后，韦眷仍然上奏，让当地民众为皇室添办贡物，企图从中牟取暴利。在陈选持诏抗争之下皇帝才同意将数量减半，但也让利益因此减半的韦眷对他怀恨在心。不久前韦眷私收外国人不法回扣被番禺知县高瑶发现并没收，陈选也立刻发文奖励，这样的动作更是惹恼了韦眷。于是韦眷便将之前肇庆严重水灾，而陈选为了紧急救助百姓，未向朝廷奏报便发粟济民的事，硬说成是陈选和高瑶结党贪赃。因此朱见深指派刑部员外郎李行与巡按御史徐同爱南下会审。为了一举斗倒陈选，韦眷又指使以前曾被陈选罢黜过的县衙小吏张裹做伪证。但没想到张裹虽然因为犯过错被陈选罢斥免职，但却是个品行端正的人，因而坚持拒绝做出不实指证，即使遭受到会审官员的严刑拷打，也不改一词。但李行和徐同爱为了讨好韦眷，竟然就在没有丝毫证据的情况下，强行将陈选和高瑶逮捕送京。消息一传出，当地百姓群情激愤，数万人群集于路上号泣抗争，逼得押解人员不得不另觅小道而行。在陈选愤郁过度病倒后，李行等竟然不让他就医，也不准他服药，导致陈选病死在半路。张裹获悉陈选的死讯后，哀痛万分，为了替他申冤还拼死上疏。只是奏疏送入宫中，却有如石沉大海，皇帝没有任何回应。据闻，陈选在任期间，每次外出都只骑一头驴，而不带任何随从，如此一位清正廉洁的好官竟被诬陷而死，这样的政治环境真是令百姓感到心寒。

168

年度热搜榜

万贵妃无预警患病暴亡 杀婴疑云成过眼云烟

今年春节期间，万贵妃突然病重去世，由于朱见深一直对这位年长他十九岁的保姆、爱妃有着难以割舍的情感，所以万贵妃一去世，皇帝便悲恸欲绝，也让宫中笼罩在低迷的气氛中。另一方面，因万贵妃专擅乱政，所以也有不少人因为她的死而感到欣喜万分。而在朱祐樘被皇帝认出后，万贵妃也不再毒害其他胎儿，因为皇帝既然已经有了后嗣，那么再杀害其他的皇子就失去了意义。

我也不想活了！

万贵妃病逝对皇帝造成极大的打击

灾情特报

七月二十二日，临潼、咸阳一带发生强烈地震。目击者表示，当时声动如雷，房屋多有塌损毁坏，多处传出泥石流灾情。目前初步估计，死亡人数已经有一千九百多人。

李孜省荐江西同乡　日后恐酿朋党恶斗

号称会五雷道法并专以谄媚邀宠的李孜省，日前又被朱见深升为礼部右侍郎，但仍掌管通政司事务。李孜省为了巩固自己的势力，又假借扶鸾妖术，向皇帝进言说江西人最能赤心报效国家，应该多予进用，因而让朱见深任命了许多跟他同乡的人，还擢升到尚书、侍郎等高位，俨然形成一个新的政治集团。针对此点，资深分析家特别提出警告，这些靠着李孜省关系位居高官的官僚虽然得势，但有朝一日李孜省垮台之后，势必成为反李人士惩罚性报复的攻击对象。到时候这些人为求自保，也一定会结党展开非理性反击。这样的结果，将会造成朋党攀附、结党营私的弊端，成为日后政坛一大隐忧。

宪宗随万妃仙逝　弘治黜佞臣中兴

朱见深在失去了挚爱万贵妃之后，伤心欲绝，身体状况一天比一天差，终于在八月因忧郁及作息严重失衡引发器官衰竭而驾崩，享年仅三十九岁。九月初，刚年满十八岁的皇太子朱祐樘依遗诏继承皇帝之位并大赦天下，定明年为弘治元年，尊

皇太后周氏（朱见深生母）为太皇太后，皇后王氏（朱见深之后）为皇太后，太子妃张氏为皇后。并降旨召回正直忠心的太监怀恩重掌司礼监，在成化朝呼风唤雨的恶太监梁芳则是被远谪南京，装神弄鬼窃居高位的李孜省也被捕入狱。又应科道

官之请，降黜两千余名传奉官，遣散二百四十余名禅师、真人，并将七百八十余名西番法王、佛子、国师都遣还本土，同时追夺诰敕、印章及仪仗、玉器。朱祐樘虽然年轻，但上台后的诸番举措，已让朝野一致叫好，颇有中兴之气象。

男人不该犯的错误
万安献房中术被逐　新政展现改革决心

平庸无能、靠着结交外戚万通（万贵妃之弟）、勾结方士李孜省，排挤贤士而占据内阁高位的万安，在朱祐樘即位之后，依旧满脑子想着如何靠左道旁门保住权位。不久前，皇帝看到有人进献一个精美的小箱子，打开一看，里面是一沓奏疏。但令朱祐樘感到意外的是，这些奏疏中谈的既非为仁君之道，也不是军国要事，而全是不堪入目的限制级房中术，末尾则署名"臣安进上"。皇帝看到这些东西觉得十分尴尬，不高兴地要求太监怀恩到内阁去质问万安，严斥说："这是大臣应该做的事吗？"万安羞愧地伏在地上汗流不止，完全不敢出声。后来许多官员也都上疏加以弹劾，皇帝又令怀恩拿着这些奏章到万安那里，要他自己读。虽然皇帝态度很明显是要万安走人，但没想到万安还是死皮赖脸，多次下跪哀求，丝毫没有要自己请辞的意思。怀恩气到干脆直接动手摘去其牙牌（通行证），跟他说"你可以走了"，万安这样才致仕。之后曾在东宫（太子居所）侍读的刘健入阁顶替缺位，"纸糊三阁老"仅刘吉一人留任。皇帝还召还名臣王恕为吏部尚书，马文升为左都御史，余子俊为兵部尚书，大刀阔斧地展现了改革的决心。

给我这个干吗？你这死变态！

不是每个皇帝都爱这个吗？

170

第三章

弘治登基　气象一新

（公元一四八八年～一五〇五年）

本章大事件

▶ 心有余而力不足
午朝暂停实施

▶ 成化神僧难逃审判
罪大恶极
斩首示众

▶ 又见奇葩判决！
蒋琮姜绾互告案终
南京御史十人被捕

公元一四八八年 **公元一四八九年** **公元一四九〇年** **公元一四九一年**

▶ 政坛纷争不断
太监御史互咬

▶ 吏部抗争无效
传奉陋习仍在

▶ 总督秦纮力劾权贵
反受诬陷改穿囚服

▶ 内阁大学士刘吉兴风作浪
刑部尚书何乔新告老还乡

▶ 虫虫危机！
蝗灾肆虐
朝廷启动捕蝗奖励

▶ 兵部通过边镇墩台
设置办法

▶ 哥伦布横越大西洋
佛郎机获得新领地

公元一四九二年 **公元一四九三年** **公元一四九四年** **公元一四九五年**

▶ 奏议罢免两千官员
王恕引发政治风暴

▶ 荆王弑母杀弟掳人施暴
又被抖出异谋罪行

▶ 鞑靼再次犯边
凉州地区告急

▶ 再现鱼米之乡！
南北河道整治双双竣工

► 联名上疏遭惩处
　六科衙署闹空门
　锦衣卫逮捕刘逊引发众怒
　六十名官员奏阻被押大牢

► 外戚争利引发斗殴
　皇室形象严重受损

► 消灾无效反招祸患
　李广畏罪饮鸩身亡
　江湖暗语大破解
　"黄米、白米"藏玄机

公元一四九六年　　**公元一四九七年**　　**公元一四九八年**　　**公元一四九九年**

► 李广诱皇帝斋醮炼丹
　王云凤弹劾反遭报复

► 张后兄弟行为离谱
　何鼎举报竟被杖死

► 唐伯虎会试作弊?
　主考官涉嫌泄题!

► 进击的蒙古大军!
　明军统帅怯弱无谋
　张俊奋战以寡击众

► 撙节开支
　皇室野放鸟兽
　取消元宵灯会

公元一五〇〇年　　**公元一五〇一年**　　**公元一五〇二年**　　**公元一五〇三年**

► 武官捕获白鹤进献祥瑞
　皇帝却不领情下诏斥责

► 边境再传危机!
　鞑靼十万大军入犯
　陈寿冷静智退敌兵

► 西南频传天灾异变?
　原来是官员夸大造假

► 弘治中兴!
　三阁臣辅政
　满意度新高

► 宦官怂恿　皇帝放话御驾亲征
　群臣力阻　土木堡之变幸未重演

► 收藏妖书人云亦云
　朝廷加强查缉散布者

公元一五〇四年　　**公元一五〇五年**

► 弘治皇帝驾崩
　十五岁太子朱厚照继承皇位

► 明军击退鞑靼
　军功封赏泛滥

► 刘瑾诱帝成日嬉戏
　继位两月百政俱废

173

年度热搜榜

【明·弘治元年】公元一四八八年

【寰宇猎奇】
浙江屏风山　有怪兽现形
大小如羊只　衔尾空中飞

二月间，浙江景宁屏风山惊传怪兽现形，引发民众恐惧。据目击者表示，当天在山麓上，不知何故出现一万多只大小如羊、全身白色的怪兽。在短暂停留后，这群怪兽便衔尾浮空而去，就这样消失在天际。目前尚未有任何专家学者对此提出解释。

灾情特报

靖江一带五月受到强风暴雨袭击，加上时逢大潮，引发海水倒灌，平地一夕之间淹没，造成二千九百五十一人淹死。因水患损毁的民房多达一千五百四十三间，县府办公室及仓库、城墙也全数倒塌，生命及财产损失十分严重，目前朝廷正全力进行抢救。

小王子来了！ 借朝贡之名　赚取巨额贸易利润

江南发生水患的同时，西北边境也饱受蒙古鞑靼部骚扰，小王子（鞑靼部落首领）率领部落逼近大同，并连营三十里，大有展示军事实力的意图。之后更挟军威自称"达延汗"，要求让一千五百人的使节团入关朝贡。但所谓"朝贡"，就是带了一些毛皮特产送给大明，在名义上表示顺服，然后大明再以丰厚的礼物回赠。贡使团沿途的所有花费，也是由大明支应。对他们来说，此行最大的好处是可以借着进贡之名，挟带物资进行贸易，再回去赚取差价所带来的巨额利润。虽然明廷最后只核准了五百个贡使名额，但在国防安全上还是等于出现一大漏洞。因为一旦开放鞑靼入京朝贡，那以后小王子便会常常以入贡为名而沿边骚扰，让西北边境再度陷入紧张状态。

你是小王子？
怎样？有人规定小王子一定要长得很可爱才行吗？
鞑靼小王子率领蒙古铁骑对边境造成极大的威胁

名词解释
小王子
鞑靼部历史上多位首领都被大明泛称为小王子。

心有余而力不足
午朝暂停实施

朱祐樘即位后，强烈展现想要当好皇帝的决心，因此接受吏部尚书王恕的建议，在每日一次的早朝之外，再于左顺门便殿加开一次午朝，以便能有更充裕的时间宣召大臣共同商议政事。虽然朱祐樘很有心，但因为天还没亮就得起来准备上早朝，之后又加开午朝，体力根本无法负荷。所以在实行没多久之后，就随便找理由停止了午朝。

成化神僧难逃审判　罪大恶极　斩首示众

曾被封为国师的僧人继晓，被罢职为民后返家居住，原本以为就此平安无事，没想到日前给事中林廷玉又上疏揭发其罪，请求将他逮捕交由司法机关审判。朱祐樘对这个妖僧也没什么好感，便命相关部门将他逮捕送京。虽然审判时，审讯官员认为他的犯罪时间点是在大赦之前，符合赦免的资格，可以免除死刑，但是给事中陈瑶对于这样的结果并不认同，便上疏力言继晓罪大恶极，所犯罪行影响重大，不应等同一般犯罪给予宽宥。皇帝在考虑之后，大笔一挥，下令斩首示众。成化时代呼风唤雨的神僧继晓，在最后关头连影分身或是土遁尿遁之术都没有使出，就这样被终结了性命。

年度热搜榜

【明·弘治二年】公元一四八九年

弹劾刘吉不成　反被诬陷充军

由于御史汤鼐等人屡次弹劾内阁大学士刘吉，因此刘吉一直怀恨在心，便勾结御史魏璋，以升职为诱饵，要他想办法除掉汤鼐。魏璋为了前途，便日夜窥探汤鼐的一言一行，最后逮到小辫子，诬陷他私立朋党，诋毁时政。自古以来，皇帝最痛恨的事就是有人结党成势，于是便下令将汤鼐等人全都逮捕入狱。原本刘吉还想将他们赶尽杀绝，幸得吏部尚书王恕、刑部尚书何乔新、侍郎彭韶等人鼎力相救才保住了汤鼐的性命。最后，汤鼐被发配肃州充军，其他人则遭到削籍（在官籍中除名，不再具有候选任官的资格）、降级外调等处分。

想弄我！

政坛纷争不断　太监御史互咬

不只京师的官员相互攻诘，南京的政坛最近也纷争不断。首先是太监蒋琮掠夺民田，遭到御史姜绾揭发。他为求脱罪，便在上疏解释时硬说御史刘恺、方岳等人以及许多官员也都有违法事实。接着，宦官陈祖生也因滥垦后湖导致湖水淤塞，遭到负责管理后湖的南京户部主事卢锦、给事中方向等人弹劾。于是陈祖生便反咬卢锦及方向，说他们在湖滩淤塞处种菜及采割芦苇以补贴私用，也犯下后湖私自栽种的重罪。目前由于双方各执一词，争辩愈演愈烈，为求厘清事实真相，皇帝已下令南京司法机关尽快展开调查。

吏部抗争无效　传奉陋习仍在

虽然朱祐樘在即位之初，也不认同老爹滥设传奉官的做法，但或许可以任意为之的方式实在太方便，所以也让他开始仿效。不久前，宫中直接传旨到吏部，下令将通政司经历沈禄擢升为参政。据了解，这样安排完全是因为沈禄是皇后姑婿之故。因吏部尚书王恕刚好请病假，所以吏部左侍郎周经便为此上疏争辩，表示此人事令并非经由应有程序发布，所以他不敢接受这样的安排。不久，王恕病愈复职，也与周经一同上疏抗争。不过虽然舆论都认为他们的做法正确，但最后皇帝还是执意照自己的意思办理。

名词解释

后湖

后湖中的一个小岛是贮藏"黄册"之重地。黄册为登录全国户籍与赋役之重要簿册，因存在中央的这份封面为黄色，故称为黄册。

年度热搜榜

又见奇葩判决！

蒋琮姜绾互告案终 南京御史十人被捕

应天府尹杨守随奉命调查宦官蒋琮与御史姜绾等人互告的案子。在深入查证后，确认蒋琮所犯罪行证据确凿，而卢锦、方向则是受到宦官陈祖生的不实指控。这时奉命出使两广的宦官郭镛也因在途经南京时，一时兴起驾船在湖中泛游，而遭到御史孙纮以擅游禁地的罪名弹劾。于是蒋琮便联合郭镛，让他一回京就向皇帝举报说杨守随在查案时偏袒御史，只处罚奉命办事的宦官，简直不把皇帝放在眼里。朱祐樘因此心里很不高兴，便命太监何穆、大理寺少卿杨谧对此案进行复查。但内阁大学士刘吉因对于时常弹劾他的南京御史恨之入骨，便暗中主导，让复查结果大逆转，认定姜绾等人告发蒋琮违法诸事皆是不实的指控。皇帝于是下令将卢锦免职，方向、杨守随等人降职远调，姜绾等十人皆被捕下狱，而宦官蒋琮、陈祖生等所犯之事则不予追究。虽然吏部尚书王恕、户部尚书李敏，以及御史伊宏、张宾，给事中陈璚、赵竑等人都上言据理申辩，但朱祐樘最终还是听信刘吉等人的话，赏南京御史们重重的一个巴掌，导致监察官办公室为之一空，蒋琮等宦官行事更无忌惮。

星象变异　官员上疏言弊端
朕知道了　皇帝只听无作为

皇帝诏令京师大兴隆寺修斋，而官员王岳刚好骑马路过，遇到由宫中出来办事的宦官。不知道是两人互看不顺眼，还是骑马碍着行人，该宦官竟然把王岳当场揪下马来凌辱，并要他在寺前罚跪。御史任仪知道这件事后，便上疏弹劾这位蛮横的宦官。原本以为正义就此得以伸张，但却仅因任仪奏疏中笔误写错名字，便

这个建议很好，换下一位。

与王岳一同被交付司法机关审讯，之后还被贬为知县。后来，因星象再次出现变动，皇帝依例要群臣修身自省，针对时政提出建言。吏部侍郎彭韶便趁此机会上疏，说目前宦官气势太盛，滥授的官职也太多，应当立即裁减，同时建议皇帝应当加开午朝召见大臣，当面商议大事，避免一纸空文便交办所有事情。朱祐樘连连表示他说得很有道理，但最后也只是说说，并没有采取任何行动来改变这些弊端。

年度热搜榜

总督秦纮力劾权贵　　反受诬陷改穿囚服

两广地区因为天高皇帝远，镇守此地的宦官及武将放纵家奴侵扰商家百姓，扰乱地方公务，甚至杀害无辜平民。总督两广的历任官员对此都不敢过问，唯有右都御史秦纮到任后，敢将所有弊端上奏朝廷，请求明令禁止。当地总兵安远侯柳景因贪污不法，也同样被秦纮举报。与周太皇太后（朱祐樘祖母）是亲家的柳景，在许多外戚的包庇下，不但安然脱身还反过来诬陷秦纮，让皇帝下令将他逮捕回京审讯。当诏书送达时，秦纮正好在调兵遣将，准备应付当地一些流民的起义。他拜读诏书后还是不慌不忙，继续将事情都部署

在这里我就是王法！不服吗？去告我啊！

许多边远地区的权贵早已习惯滥权作恶

完毕，才在他的卫队随护下从容启程。等到一行人越过山岭，踏出两广辖区后，秦纮才换上囚服就擒，然后随着前来逮人的官校回京。秦纮表示，他之所以要这么做，是因为两广是个动荡之地，他的职务在此地是很尊崇的官职，如果一开始他就像囚犯一样被缉拿，将有损国家尊严，只怕日后此地将难以管理。虽然媒体一致赞赏秦纮在自身危难时还能维护国家大体，但他仍逃不了被权贵恶意诬陷入狱的命运。

内阁大学士刘吉兴风作浪

施政颇受肯定的刑部尚书何乔新，日前因被诬告而辞官退休。据了解，之前大理寺丞一职出缺，御史邹鲁觊觎其位，但因何乔新推荐他人而落空，所以怀恨在心，便利用何乔新外祖父家与乡人打官司的机会，诬陷他受贿并曲意维护自家人。另一方面，何乔新也因一向坚持公正断案，不肯附和内阁大学士刘吉打击正直之士而遭到报复。刘吉利用职权逮捕他外祖父母的

刑部尚书何乔新告老还乡

家人，又施压让他上疏辞官。虽然在反复调查后，证明这是一起诬告事件，邹鲁也被给予停发薪水的处分，但何乔新获准退休回乡养老的结局，令舆论倍感惋惜。

连这都要争…… 文官上朝谁站首位？

担任《宪宗实录》修撰副总裁的礼部尚书丘濬，完成此项工程后加封为太子太保（太子教师，为荣誉虚衔），以文渊阁大学士的身份进入内阁。但此项人事安排却意外引爆官员间的排序之争。依照旧例，大学士职等仅有正五品，如果没有加封少师、少傅、少保等头衔，朝班排序在各部尚书之下。吏部为六部之首，所以身为吏部尚书的王恕，上朝站的位置应该在丘濬前面。但丘濬认为自己是部长兼阁臣，所以便想排在王恕之前，于是两人为此相争不下。虽然皇帝没有做出明确裁示，但在不久后宴请群臣时，丘濬的座次已经改排在王恕前面。看来，此后只要是进入内阁的大臣，就算原本的官职只是侍郎或詹事（太子府

总管，为翰林官升迁之职等，并无实际管理事务），上朝位置站在六部尚书前面，将会成为新的惯例。

皇帝才是大奇葩……

秦纮无罪确定　宣判令人失望

总督两广军务的右都御史秦纮受到安远侯柳景诬告一案，经司法机关仔细调查后，柳景因罪证确凿被议处死刑，同时也证明了秦纮的清白。不过，握有司法最终裁量权的朱祐樘，最后竟然裁示免去柳景的死罪，仅仅

判夺去爵位，在家闲住，而没有任何过失的秦纮则是意外遭到免职。此宣判公布后，众人哗然，认为秦纮确实无罪，不应受人诬告被夺职。在言官接连请命之下，最后朱祐樘终于决定起用秦纮，任命他为南京户部尚书。

年度热搜榜

【明·弘治五年】公元一四九二年

超级耐弹 任职内阁十八载　刘棉花终于下台

在内阁十八年却毫无建树的刘吉，因为有着屡被弹劾而能赖着不走的本事，因而被称为"刘棉花"，以讽刺他的"耐弹"。原本皇帝对他颇加重用，但日子久了，也开始不信任他。日前，朱祐樘想加封皇后之弟张延龄为伯爵，命刘吉撰写封爵诰券。

刘吉想讨好外戚，便建议加封两太后家的子弟。皇帝为此很不高兴，派宦官到刘吉家中暗示他立即退休。不过刘吉还是想不通，硬是抓着官位不放，说什么都不肯自己提出退休申请。最后皇帝也不耐烦，干脆直接传旨将他免职。

我不想走！

什么棉花，我看是黏胶！

【国际要闻】

哥伦布横越大西洋　佛郎机获得新领地

西方海洋探险家哥伦布不久前完成壮举，从西班牙率领三艘百吨帆船出大西洋，向西方航行七十昼夜后，到达东印度群岛（其实是美洲加勒比海的巴哈马群岛，但哥伦布以为自己到了印度），并将登陆的小岛取名为"圣萨尔瓦多"，称呼岛上的人为"印第安人"（西班牙语的印度人）。据了解，哥伦布为了寻找新航道，已经到处游说十几年。葡萄牙人因为早已控制欧洲到东亚的最近航线，所以没有兴趣。英国、法国、意大利等国也因他提出的回报条件谈不拢而先后拒绝。最后西班牙女王伊莎贝拉一

世点头，他才带着女王给印度君主和中国皇帝的国书，出发寻找新航道。在与西班牙王室的协议中，他被授予"世界洋海军上将"头衔，并被指派为新发现领地的总督和统治者。对新领地的政府官员，他也有指定三位人选让国王从中挑选的权力，并永远享有新领地总收入百分之十的利益。另外，他还有权购买新领地任何商业冒险事业八分之一的股份，并获得应有的收益。有人认

为，西班牙王室之所以会开列如此慷慨的条件，部分原因是没有人看好哥伦布能活着回来。如今他成功为西班牙开拓了一条新航线，不只让他个人享有丰厚的收入，也将为西班牙甚至整个欧洲带来空前的财富。但从另一方面来看，这也势必为这个新世界带来意想不到的浩劫。

我终于到印度了

哥伦布自认为发现到印度的新航线

地理小辞典

大明将西班牙人、葡萄牙人都称为佛郎机人。"佛郎机"是东南亚伊斯兰教信徒口中印度语 Farangi 的音译，是对"法兰克"（Frank）一词的误读，"佛郎机"的本意指欧洲人。

年度热搜榜

奏议罢免两千官员　王恕引发政治风暴

今年举行官员考察，吏部尚书王恕在完成后上奏建议将两千名不称职的官员免职。但内阁大学士丘濬并不赞同，他认为依古制三年考核一次，三次之后才确定是要降黜还是擢升。如今有些人就任不到一年，还没做出实绩便被降黜，显然是负责考核者片面听信人言。他提议将那些当官还不到三年就被罢黜的人员都恢复原职，就算经过三考，除非犯下贪暴不法等重罪，否则不要随便降黜免职。虽然王恕坚持力争，但最后朱祐樘依丘濬之议，下旨留住九十几个人，王恕因而愤提辞呈，并与丘濬严重对立。另一方面，时常在丘濬家走动，想要找机会升官的太医院院判（低级官员）刘文泰，因之前升官之路屡被王恕所阻，早已对其怀恨在心。不久前他从丘濬那里听说王恕闲居乡里时，曾找别人为自己写传记并刻版印行，于是便诬奏王恕有沽名钓誉、诽谤君上之嫌。王恕因而极力为自己辩解，并怀疑刘文泰背后必定有擅于阴谋且博学能文的主谋，也就是暗指丘濬涉案，并要求廷臣会审。之后皇帝命锦衣卫逮捕刘文泰拷讯，供词果然牵连到丘濬，言官们因而交相上疏弹劾。最后皇帝裁示将刘文泰降为御医，对丘濬不罚，但严斥王恕沽名钓誉，命他将自传《大司马三原王公传》的印刷雕版焚毁。王恕上疏力辩，却未获正面回应，于是他坚决请辞，皇帝也没有挽留，批准让他乘坐驿站马车回乡。

出这种书！你滚！

我展示健身成果也不行吗？

王恕因为出版自己的传记而遭斥下台

荆王弑母杀弟掳人施暴　又被抖出异谋罪行

分封各地的王室贵族丑闻不断，荆王朱见潚因饿死母亲、杀死二弟朱见溥和堂弟并强占他们的妻子，及当街强抢民女等事，被三弟朱见潭告发后被废为庶人并遭到关押。为了报复，他便诬告朱见潭与永安王图谋不轨。虽然之后查无实证，但朱见潚一气之下，反而将朱见潚曾经私造兵器，连同其子有犯上异谋的事抖了出来。这次一查果然事证确凿，弑母杀弟掳人施暴等罪行皇帝可以睁一只眼闭一只眼不当回事，但谋反大罪可不是能开玩笑的，很快朱见潚就被要求自尽，其子的王爵之位亦被废，改以二弟朱见溥之子继承荆王的爵位。

年度热搜榜

虫虫危机！蝗灾肆虐 朝廷启动捕蝗奖励

自从去年（一四九三年）飞蝗蔽日、遍野成灾之后，捕蝗工作就一直如火如荼地进行着。但就算被派往各地督导捕蝗的官员费尽心力，情况依然不见好转，许多地方仍处于高度警戒的状态。眼看今年又要迈入夏季蝗发之时，朝廷只好加码重赏，颁出优惠的捕蝗奖励。依据奖励办法，只要捉到一斗蝗虫，就加倍发给两斗的米。许多人一听到这个消息，都已经准备好捕蝗工具，打算利用这个机会多换些米回家了。

立法通过 各地将征募预备兵员

由于边患未曾停歇，各地兵员严重缺额，所以早在正统及景泰年间，朝廷便曾经招募志愿的强壮民丁服役，但一直都没有制定正式办法。不久前，依给事中孙需建议，朝廷立法规定辖区七八百里以上的州县每里征派两人，五百里的征派三人，三百里的征派四人，百里以内的征派五人服预备役。以上兵员均由丁众粮多之家派出年轻力强者由官府训练，一接到调发命令，朝廷发给粮米便立即奉命出征。同时，也明文严禁官府以各种理由借调役使这些兵员，或有任何贿赂纵容等情形发生。办法中也规定，如果有钱人不愿服役，也可换成交纳银两，再由官府自行招募兵丁。

兵部通过边镇墩台设置办法

兵部为回应边境多次被鞑靼劫掠的情况，日前做出检讨报告。报告中明白揭示边防漏洞在于各边墩台相距太远，烽火不能相接，以及守边将士懈怠。为了解决此一缺失，兵部建议让负责边镇防务的官员视当地地形修筑墩台，每七至十里设一大墩，四五里设一小台，大墩守军十人，小台五人。从边关到城堡的部分，只修筑大墩，然后筑墙围城，再环以壕堑，只留一道门派兵把守。遇有边警时接递传报，天晴举炮，天阴放烟，夜晚举火，并事先定好烽炮的次数以作为号令。守墩之军分为两班，每月轮替一次。同时修建水窖，以便冬蓄冰、夏藏水，并要求部队预先收集半个月的柴薪备用，免去外出汲水打柴时被敌寇杀掠的危险。此办法在获得朝廷批准之后，已要求各边镇即日起依规定执行。

年度热搜榜

鞑靼再次犯边　凉州地区告急

　　蒙古鞑靼部日益强大，尤其在请求入贡获准后，便常以此为借口骚扰边境。近来更开始侵扰凉州，虽然在甘肃总兵官刘宁率部抵御下暂时撤退，但没过多久，便再次进犯。不但宣府一带饱受劫掠之苦，连辽东地区也被入侵三次，每次损失都十分惨重，鞑靼部已然成为大明最大威胁。

再现鱼米之乡！　南北河道整治双双竣工

　　自弘治二年（一四八九年）五月黄河在开封溃堤以来，朝廷已经在河川整治工程投入大量的人力及物资。在多位官员接力主持下，刘大夏终于在今年完成自胙城至虞城，以及从于家店到小宋集的河堤，将不受控制的滚滚黄水向南导引到淮河再流入海中。另外，前后历经三年，动员了二十万民夫，由工部侍郎徐贯主持的苏松河道整治工程，也终于在日前竣工。水利专家表示，此一重大改变，将使苏松一带再度成为鱼米之乡。

史上最专情天子，没有之一
朱祐樘钟情张氏　拒册立其他妃嫔

　　当今皇帝朱祐樘因廉洁贤明而登上年度风云人物榜。然而，朱祐樘上榜的一大原因，竟然与他的婚姻生活有关。由于他自幼经历坎坷，在九死一生后才顺利继承皇位，所以想法与做法也异于一般在宫中受到呵护长大的皇子。不同于中国历代帝王都是后宫佳丽成群，他的身边始终只有张皇后一人，不但没有其他嫔妃，连私生活也相当检点，不曾与任何人传出桃色新闻。据闻，帝后两人十分恩爱，每天同起同卧，一同读诗作画、听琴观舞、谈古论今。皇帝皇后鹣鲽情深，这样的情形不要说数千年难得一见，恐怕以后也很难出现。

年度热搜榜

【明·弘治九年】公元一四九六年

联名上疏遭惩处　六科衙署闹空门

锦衣卫逮捕刘逊引发众怒

曾与南京御史姜绾一同弹劾宦官蒋琮，获罪被贬为澧州判官的刘逊，在好不容易升任武冈知州后，又因未按时发放亲王禄米，被岷王一状告上朝廷，还指控他另有不法之事，皇帝因此命锦衣卫前往逮人。为此，给事中庞泮、御史刘绅等人上奏，说锦衣卫是天子亲军，如果没有重要的事不可随意调遣，此案罪行不重，交由巡按御史查明即可。但皇帝看到奏疏后，却由完全不同的切入点进行思考。他认为只是亲王弹劾一名州官，竟然有这么多官员上疏奏阻，实在是不成体统。于是下令把庞泮等四十二名给事中、刘绅等二十名御史全都关到锦衣卫狱加以惩罚。六十多名官员全部被关进去后，六科衙署空无一人，所有政事马上陷入瘫痪。最后在各

六十名官员奏阻被押大牢

部尚书、大臣联名作保之下，他们才被释放，刘逊则是再被贬为四川都指挥使司断事官（低级官员）。

三十五杯绿茶、十二杯奶茶送来了！咦？人呢？不会是恶作剧吧……

外戚争利引发斗殴　皇室形象严重受损

同为外戚的长宁伯周彧（周太皇太后家族）与寿宁侯张鹤龄（张皇后家族），因经营私利引发纷争，最后演变成两家聚众斗殴。由于这场骚动就发生在天子脚下，使得此事件很快成为各大媒体关注的目标。为此，吏部尚书屠滽联合九卿上言，表示之前宪宗一朝便要求勋戚之家不得占据各交通据点来开店营利，永乐年间也公开规定王公大臣的仆从人数上限。但现在勋戚诸臣不但违反规定，放纵家人在闹市区开店、邀截商货，仆从人数更是动辄数百，还混杂不少市井无赖随意闹事，导致民怨不止。这次周、张两家因琐事纷争，已经损及朝廷威望，应立即诫谕两家修好，并严格要求所有贵族依规定及旧例行事。虽然朝廷在监察官员们相继上疏后，已传旨诫谕勋贵之家。但一般认为，这些特权大户违法牟利的情形并不会因为一纸命令而有任何改变。

李广诱皇帝斋醮炼丹　王云凤弹劾反遭报复

由于近来宦官李广常邀约朱祐樘斋醮炼丹，使皇帝上朝理政的时间一天比一天晚，内阁大学士徐溥等人便为此上疏劝谏。虽然朱祐樘看过奏章后表示深受感动，但却没有采取任何行动来改变这种情况。不久，户部主事胡爟又借天旱阴晦，皇帝下诏令群臣直言朝政的机会，直指方士乱政及宦官矫旨之弊。礼部祠祭司郎中王云凤、给事中叶绅、御史张缙等，也先后上疏弹劾李广。其中王云凤更言辞激烈地请求将李广斩首示众，也因此让李广对他恨之入骨。于是李广便暗中令锦衣卫对王云凤日夜展开跟踪。一开始还找不到可诟病之处，后来有一次当皇帝察看完祭祀用牲要回宫时，王云凤骑马跟随在圣驾后面，李广便以此劾奏了他一条不恭之罪，然后将他关入锦衣卫监狱中拷讯，随后王云凤更被贬为陕州知州。由于李广下一个报复目标很可能就是胡爟，这使得诸多朝中大臣已开始替他担心不已。

张后兄弟行为离谱　何鼎举报竟被杖死

张鹤龄、张延龄二人因为是皇后的亲兄弟，所以时常出入内廷与皇帝、皇后一同饮宴。朱祐樘基于对张皇后的深厚感情，待他们如至亲手足，却也使他们的行为越来越无所顾忌。他们不但以皇室至亲的身份仗势欺人，言行举止也日益乖张。据闻，有一次他们陪侍饮宴，张鹤龄竟然趁朱祐樘上厕所时借酒装疯，把皇帝帽子戴在自己头上，甚至还曾明目张胆地窥视皇帝帷帐。这些夸张行径，让一向忠心耿耿的宦官何鼎看不下去，便向皇帝报告张氏兄弟所犯的这些大不敬之罪。张皇后知道后，竟然不去劝自家兄弟收敛，反而设法激怒朱祐樘，把何鼎投入诏狱审讯。给事中庞泮、御史黄山等人知道后，纷纷上奏搭救何鼎，结果反而激怒皇帝，被连连质问朝中官员如何得知内廷之事。后来幸得内阁大学士徐溥、户部尚书周经等人紧急上奏论述利害，皇帝才不再追究。不过令人惋惜的是，何鼎终究未能逃过此劫，张皇后并未收手，而是指使宫中宦官在狱中将他活活杖死。

不服气吗？
有本事叫你姐去问问皇帝
要不要娶她啊……

张氏兄弟仗着姐姐是皇后就胡作非为

年度热搜榜

【明·弘治十一年】公元一四九八年

拆字解谜 "熊"的征兆竟是……
上"能"下"火" 小心火烛

六月间，有一只迷途的熊误从西直门闯入京城，造成了不小的骚动。在此事件之后，兵部主事何孟春便上奏，说"熊"字拆开的话就是"能""火"，是必须注意火警的征兆。还说之前也有一只熊跑到永嘉城内，不久后城内便发生大火。所以他建议京城除了应严防盗匪外，也要防备火灾发生，令人惊讶的是，没多久之后，北京城内竟然就真的发生了好几次火灾。令人不得不对何孟春这种拆字料事、铁口直断的本事纷纷点赞。

火不是我放的！

消灾无效反招祸患　李广畏罪饮鸩身亡
江湖暗语大破解　"黄米、白米"藏玄机

宦官李广曾力劝朱祐樘在京城万岁山修建毓秀亭，声称如此便可消弭灾异。但是当毓秀亭完工后，幼公主却刚好病死，清宁宫也跟着发生火灾。太皇太后周氏（朱祐樘祖母）因此气得大骂："今日李广，明日李广，果然弄得灾祸降临了！"李广发现惹怒这位重量级人物，自知难逃被下诏狱严刑拷打的命运，为免受皮肉之苦，便服毒自尽。原本朱祐樘还打算为他祭葬并颁赐祠堂匾额，但内阁大学士刘健等极力反对，表示"宦官原本就没有祠额祭葬之例，近年来虽然偶尔有破例，但都是因为要奖善褒功。李广恶贯满盈，其死万口称快，应当让全天下都知道他的罪名，以为奸邪不臣之诫"。于是朱祐樘才放弃这个想法。但又暗想李广家中可能藏有什么能帮助长生修炼的奇书，便派人前往搜查。结果意外地发现了一本账簿，上面记载了文武官员送给他的黄米、白米数量。朱祐樘满脸疑惑地表示自己去过李广家，印象中他的仓库不大，应该没办法装下这几千石的粮食。这时身边的人才告诉他，黄米、白米是行话，指的就是黄金及白银，皇帝这才恍然大悟，立刻下令彻查那些行贿的官员。这风声传出去后，一大帮有行贿经历的官员只好连夜跑到寿宁侯张鹤龄（张皇后之弟）家中求救。最后是因为张鹤龄出面求情，朱祐樘才不再严加追究，这个案子到最后也就不了了之。

186

年度热搜榜

【明·弘治十二年】公元一四九九年

辽东明军杀人冒功

朵颜诸部入京泣诉

　　刚过完年没多久，辽东就传回朵颜三卫（又称兀良哈三卫，即泰宁卫、福余卫、朵颜卫）分道进犯边境，但被大明官军击败的捷报。不过由于朵颜三卫与朝廷的关系一向不错，近来也没有发生过什么冲突，所以大臣们便对战胜的消息抱着怀疑的态度。直到朵颜诸部的贡使团抵达京城，整个事件的真相才终于曝光。根据贡使团的说法，这是现任辽东总兵官李杲与巡抚张玉及镇守太监任良合谋，设席引诱三卫前来做买卖的三百多个族人赴宴，然后全数杀死，再以这些首级捏造捷报请赏。目前中央已派副都御史顾佐前往调查，务求还原事实的真相。

因为如果朵颜诸部指控属实的话，那辽东的情势将再度陷入混乱之中。

李杲、张玉、任良设席谋杀了三卫的百姓假冒军功

唐伯虎会试作弊？　主考官涉嫌泄题！

今年举办的会试传出弊案，与礼部尚书兼文渊阁大学士李东阳一同被任命为考试官的礼部右侍郎程敏政，被户科给事中华昶弹劾，说这次参与会试的两名考生徐经、唐寅（唐伯虎），被人检举在考前曾做过与考题相同的文章，而所有证据也都指向考题确实是由程敏政处所购得。于是朱祐樘下令程敏政不得参与阅卷，并将华昶以及两名考生交付狱中进行调查，同时要李东阳会同其他考官进行查核。由于两位涉案的考生并未上榜，所以朱祐樘其实也不太想再继续追究责任。但没多久工科都给事中林廷玉又上疏弹劾程敏政说辞有可疑之处，经过再次调查，程敏政才终于承认试题是被他的家童偷偷卖的。最后考生徐经、唐寅被取消举人资格黜为小吏，程敏政及林廷玉均

罚我去当小吏？
我才不干呢！

江南才子唐伯虎因卷入考试弊案被取消举人资格并黜为小吏

被捕下狱。没错，就是弹劾此一弊案的林廷玉也遭到逮捕，但朝廷并未对外说明原因。

传奉任命过滥　官员谏止无效

滥行任命传奉官的恶习虽然一直令人诟病，但皇帝们却乐此不疲，连施政颇受好评的朱祐樘也爱上此道。十二月初，吏部尚书屠滽特别为此进言，请求罢黜七百多名传奉官，以防止奸人由此渠道获得任用。兵部尚书马文升也进言说："武官的授命及升迁都要以在战场上所建立的功勋为依据，没有临阵斩获不得轻授。现在画工张玘竟然毫无缘由地便被传奉任命为指挥，还准予世袭，这让在边关冒死作战的官兵们如何能心服口服？"虽然在此之前，六科十三道言官也曾多次上疏极言滥封传奉官所带来的弊端，但无奈朱祐樘就是听不进去，在接下来的一个月中，更变本加厉以此渠道晋升了两百多人。

年度热搜榜

辽东诱杀冒功案水落石出
涉案官员遭强迫致仕　恐引发朵颜诸部报复

受命前往辽东调查总兵李杲诱杀冒功案的副都御史顾佐，日前完成任务返京，对此案提出调查报告。由于事证确凿，李杲等三人所犯罪行属实，所以朱祐樘已命镇守太监任良、总兵李杲、巡抚张玉强制退休，其余涉案官员则各给予降级处分。案件的调查结果及处分公布后，科道官立刻上疏，表示李杲、张玉所犯的是欺骗妄杀重罪，此罪应当斩首示众，但现在却只有强迫退休，恐怕朵颜三卫知道后，将会积愤为患。不过朱祐樘看了奏疏后，并没有打算要推翻自己先前所做的裁示。资深时事评论家认为，由于朵颜诸部对此事恨之入骨，他们势必联合附近的力量，展开报复行动，成为大明边界上一颗极不稳定的炸药。

进击的蒙古大军！
明军统帅怯弱无谋
张俊奋战以寡击众

四月时，蒙古大军忽然兵分数路，从大青山入寇威远卫，游击将军（军事指挥官）王杲因误中敌军佯败之计，友军又惧敌不援而惨败。边警传回京师之后，朱祐樘急命陈锐为靖虏将军充总兵官，率兵前往大同抵御蒙古进犯，京师也同时宣布戒严。不久，蒙古果然又纠集五万大军攻入大同，而陈锐虽为统帅，但却怯懦无能，根本提不出战略，只是下令诸军坚壁防守，不得轻易出战，以致敌军如入无人之境，肆意掠夺。不过大明守军中还是有一支劲旅勇于和蒙古大军周旋，那就是游击将军张俊所率领的部队。张俊独自率军力抗，在战场上来回冲锋，就算脸颊被箭射伤数次，还是拼命奋战，最后终于以寡克众，击退蒙古大军。

主帅，我们要采取什么战略？

就……就……躲在里面就好。

年度热搜榜

武官捕获白鹤进献祥瑞
皇帝却不领情下诏斥责

有一位驻守保定的军官，捕到稀有白鹤，便想带着白鹤前往北京，借着进献祥瑞邀功。不过这个举动却遭到礼部尚书傅瀚弹劾，连皇帝也下诏斥责，要他立刻返回驻地，否则就以擅离职守罪纠办。资深时事评论家表示，君主是否接受祥瑞进献，也是评估国家走势的重要指标之一。一旦国君沉迷于这种歌功颂德的虚荣，就代表他只想听到自己想听的，而拒绝承认施政上的错漏并加以改正，也意味着这个国家即将步入衰亡之途。

不能进献白鹤？
那我涂黑
就可以了吧！

边境再传危机！　鞑靼十万大军入犯
陈寿冷静智退敌兵

鞑靼小王子自从统一蒙古各部之后，势力便越发强大，不时入犯明境。今年，他又统领十万精锐骑兵，从花马池、红盐池一带入犯。刚上任的延绥巡抚陈寿，也立即统率大明边防军奋力抵御。一开始，小王子只派出一百多名骑兵前来诱敌，明军诸将看到敌人很少便想贪功请求出击。但陈寿知道这是敌人的诡计，所以并没有批准。只在数十个骑兵护卫下，亲自走出营帐，搬来大交椅端坐其上，一边饮食自如一边神色若定地指挥着部队。敌军远远望见，觉得明军此举十分可疑，反而不敢轻举妄动而引兵退去。陈寿等到敌军退到一半，看准了时机，立刻下令各部乘势追击，果然大胜而归。等朝廷派出的总兵官朱晖率领大军慢吞吞地来到前线时，退走的蒙古人早就饱掠开城、固原等地，然后逃逸无踪了。值得一提的是，当陈寿要将捷报上奏朝廷时，曾有人劝他顺便把家中子弟的名籍也附带报上，以得到朝廷赏赐。但陈寿表示他的子弟不习弓马，也未曾随军出阵，怎么可以与血战沙场的军士一同接受犒赏，所以没有接受这个其他官员都在做的造假建议。

强震特报

年初，朝邑强烈地震，附近地区连续两天都笼罩在震声如雷的恐怖阴影之中。根据当地官员回报，此次强震共造成五千四百多间官舍民房塌毁，一百七十多人死亡，九十多人轻重伤，牲畜被压死近四百头。河堤也被震裂，河水沿着数处数丈宽的缺口奔流而出，邻近地区目前已成一片无边水泽。

年度热搜榜

数字会说话　朱晖北征灰头土脸　虚报万名将士功勋

皇帝说了算　不给弹劾仍给重赏

　　率军北抗鞑靼的总兵官朱晖年初班师回京，但这次行动却遭到言官及内阁强烈抨击。原因除了朱晖迁延时机、行军迟缓，导致边民遭敌肆虐，死者满山遍野外，耗费一百六十多万两白银，仅斩获敌人十五颗首级，而奏报有功的将士却高达一万多人的离谱数据，更是受到严重非议，官员们一致认为应当加以惩处。但由于朱祐樘已经先听信宦官奏报，先入为主地认为这次军事行动瑕不掩瑜，所以不但没有下令惩处，还特别派宦官携带羊酒到京师城门迎接犒劳，并重赏有功人员。朱晖从两年前奉命督理京师三千营、统率右军都督府之后，便不断遭到弹劾，但朱祐樘却丝毫不受影响，一路仗义力挺。舆论虽然肯定朱祐樘的政绩，但对于这样的用人哲学，却也摸不着头脑。

撙节开支　皇室野放鸟兽　取消元宵灯会

　　日前光禄寺卿（中级官员）王珩上疏建议，由于内府豢养用来观赏的鸟兽过多，食料费用支出繁重，应将部分鸟兽放生以撙节开支。皇帝阅后不但马上批准，还下诏取消明年上元节的灯火庆祝活动。同时，因为广东下海采珍珠的所得远低于支出，所以也一并停止了广东采珠业务，召回督理采珠的宦官。

年度热搜榜

【明·弘治十六年】公元一五〇三年

西南频传天灾异变？　原来是官员夸大造假

　　西南地区不久前出现白天暗无天日的怪异现象及各种灾情，当地指挥使吴勇还回报发生严重的传染病疫情，请求中央免除税金并拨款赈济。朱祐樘认为一定是当地官吏有问题，破坏了天地之气，便派南京刑部侍郎樊莹前往巡视。樊莹调查后，提出了多达一千七百多名官员的惩处名单，并发现吴勇因侵吞库银，想借免税及赈济款补足亏空，便借天变异常的机会刻意夸大其事。但他没想到中央会派人远赴边陲调查，钱没拿到，人已经被关入狱中。

官员趁着天象异变的时候谎报灾情以骗取免税政策及赈灾经费

弘治中兴！

三阁臣辅政　满意度新高

　　近年来朱祐樘因在位日久，对政事处理已越发熟练，与大臣面议朝政的次数也越来越多。刘健、李东阳、谢迁等三位阁臣知无不言，也逐渐得到皇帝的信任。现在朱祐樘对他们奏请的事，大都会采纳施行，甚至只要刘健等人进见时，便会屏退左右，与他们充分讨论。得到皇帝支持的内阁，也得以大刀阔斧进行改革。目前国内的政治气氛已达到一个清明的境界，施政满意度也创下新高。

年度热搜榜

老板提案被伙计否决　阁臣驳回皇帝建宫修道之命

朱祐樘即位之初，曾经霸气地废黜成化朝众多国师、法师、真人，令朝野一致拍手叫好。但他渐渐地也开始信奉僧道，越来越关注斋醮炼丹等神佛修道之事。日前朱祐樘不知道又听哪个道士仙人的建议，打算在朝阳门外建一座延寿塔，并封杜永祺等五名道士为真人。只不过这个想法遭到内阁大学士刘健等人强力谏阻，而朱祐樘既说不出什么好的理由反驳，又不好硬是坚持己见，最后便只能作罢。

宦官怂恿　皇帝放话御驾亲征
群臣力阻　土木堡之变幸未重演

蒙古鞑靼诸部不久前又进犯大同杀人掠物，明军都指挥使郑瑶发现后立即率军抵御，在敌我人马悬殊的情况下依旧来回冲杀，拼战到力尽仍手刃数人，最后只手难以撑天，战死沙场，尸体还惨遭肢解。消息传回北京后，朱祐樘气愤地谕令内阁诸臣，即日就调发一万名京师军团前往征讨。但刘健、李东阳等人认为京军不可轻调，如果敌军声东击西的话，将使京师陷于险境。虽然此议因而作罢，但宦官苗逵却不断在皇帝旁边怂恿他御驾亲征。三天后，朱祐樘又招来兵部尚书刘大夏等人，问他说苗逵之前是不是曾经英勇地直捣敌穴。刘大夏语带不屑地回答说："是有这样的事，但事实上他所俘虏的，只是十几个无辜的妇女和幼童而已，根本称不上英勇。而且当时若不是仰仗朝廷威德，苗逵还不知道能不能全身而退呢。"朱祐樘又问："那当年太宗（指明成祖朱棣）能屡屡出塞亲征，为何我现在就不能呢？"刘大夏又回答说："陛下的神武当然不逊于太宗，但重点是现在的将士兵马却已经远远不及当年的英勇。永乐年间（一四○九年），淇国公丘福率领大军北伐蒙古，只是稍稍大意，便使得人马受困于大漠，最后还导致全军覆没，所以怎么能把出征一事看得如此简单？"当时一同被召见的都御史戴珊，也表示完全赞同刘大夏的看法，这才使朱祐樘恍然大悟，直说："如果没有你们，朕几乎误了大事。"于是赶紧打消御驾亲征的念头。

去跟他单挑！

收藏妖书人云亦云　朝廷加强查缉散布者

吏部尚书马文升表示，每年秋后会审的重刑犯中，有很多都是因为收藏妖书遭到重判的。但事实上，会去相信或流传这些无稽妖言的，大部分都是没读过多少书的人，他们人云亦云，根本没有分辨事实的能力。与其处死这些人，不如从源头上防患于未然。所以他建议都察院让各地巡按官员公告谕众，给予半年的缓冲期，让还收藏有谶纬妖书的人，自动到官府上缴妖书而免予受罚，只逮捕那些以妖术、妖言惑众的罪魁祸首。此议在都察院支持后，皇帝也随即批准施行。

告状信满天飞……
诬陷之词直攻刘大夏　报复只因宦官失兵权

朱祐樘因工部尚书曾鉴建言，罢免了三分之一在各地掌管织造的宦官。接着又依兵部尚书刘大夏的建议，召回南京、苏州、杭州等地的所有宦官，改由各地镇守军官、巡抚负责其

业务。不久前，刘大夏又趁着讨论军务的机会，向皇帝直言各地镇守宦官所带来的危害。虽然朱祐樘表示派出镇守太监是祖制不便更改，只能以后尽量选廉洁的宦官充任，但却也同意将部分京营部队重新整编，然后重设东西两卫以保卫京师的建议。结果许多原本监镇京营的宦官对于自己失去兵权之事心生怨恨，便在宫门贴上许多诬陷刘大夏的告状信。还好朱祐樘不但没有误会刘大夏，还反过来安慰他，表示宫门不是外人能出入之地，可见告状信一定是那些宦官搞的报复手段，让他不用在意。

年度热搜榜

张氏兄弟恃宠而骄　李梦阳痛陈险受害

朱祐樘的专情天下皆知，他不但深爱皇后，连张鹤龄、张延龄也因这层关系获得特别恩宠。在皇帝的祖护放纵下，张氏兄弟日渐骄横，经常违反法律。三月间，户部主事李梦阳上疏痛陈时弊，痛斥张鹤龄招纳无赖，使恶势力有如添翼猛虎，造成社会的动荡不安。张鹤龄知道后，立刻上疏为自己辩解，加上金夫人（张皇后之母）也跑去向朱祐樘哭诉，说他儿子受到不实指控，逼得皇帝只好把李梦阳投入诏狱。幸得内阁大学士谢迁救援，说李梦阳只是赤心报国，没有别的意思，最后以罚三个月俸禄换回李梦阳自

由身。虽然金夫人还是对这个企图伤害她宝贝儿子的不识相官员恨之入骨，不停地去找皇帝女婿申诉，甚至通过左右近侍想要说服皇帝杖打李梦阳，以便伺机把他给活活杖死，不过朱祐樘眼睛还算雪亮，所以一直没有答应。后来在一次张氏兄弟陪侍的宴会中，朱祐樘趁着皇后与金夫人往别处更衣时，把张鹤龄单独召去说话。虽然没有人听到皇帝究竟说了什么，但却有多人目睹张鹤龄在听完后，神色慌张地脱去帽子，不停地跪地叩头。据闻，此一事件之后，张鹤龄的行为也确实收敛了不少。

号外 弘治皇帝驾崩 十五岁太子朱厚照继承皇位

不久前，朱祐樘忽感身体不适，没过几天便病情加重到连太医也束手无策的地步。知道自己已经时日无多的朱祐樘，下令召见阁臣刘健、李东阳、谢迁等人，要他们好好地辅佐太子。第二天，也就是五月七日，召太子入见，在告谕他要效法祖宗、任用贤德之后，朱祐樘便于午时去世，享年仅三十六岁。之后，今年才十五岁的太子朱厚照（明武宗）依遗诏即皇帝位，并定明年为正德元年，颁诏大赦天下，同时免除弘治十六年（一五〇三年）以前各地所拖欠的租税。政治评论家表示，朱祐樘可说是大明王朝难得的几个好皇帝之一，他的施政口碑比仁宣时期（明仁宗朱高炽、明宣宗朱瞻基）的还要好。除了在后半段稍有懈怠外，他革除前朝弊政、清除奸佞、任用贤臣，并且勤于朝政的个人

特色，确实让陷于黑暗已一段时日的大明有了新的生机。

抓住国丧之机
鞑靼抢攻宣府

鞑靼小王子得知朱祐樘驾崩的消息后不禁大喜，认为这是上天所赐的大好时机，便尽起蒙古勇士，举大军连营达二十余里，准备入犯宣府。虽然明军总兵张俊马上分遣诸将各领三千人扼守要害之处，但敌军仍由边城的新开口处摧毁边墙而入。各路兵马奋力抵御，最终仍不敌蒙古铁骑的踩躏而大败，战死者不计其数，残部仅能勉强逃入万全右卫城中坚守待援。朝廷在收到战事不利的消息之后，已紧急命保国公朱晖为征虏将军，左都御史史琳提督军务，太监苗逵为监军，火速率兵前往宣府增援。

明军击退鞑靼
军功封赏泛滥

征虏将军总兵官朱晖率领大军抵达前线之后，并没有采取行动，而是将部队分驻大同、宣府两地观望。只有参将（军事指挥官）陈雄带着部队前往截击，阵杀了八十余名正在大同劫掠的蒙古兵，同时救回二千七百多名被掳男女，迫使敌军仓皇退走。不过之后朱晖向朝廷报捷时，又大手笔列出两万多名有功将士，再次引起相关单位注意。官员前往查核后，发现所报多有不实，但因监军宦官苗逵极力担保，坚持名单无误，而新皇帝朱厚照宠信的太监刘瑾也在一旁附和，所以最后还是全部按朱晖所奏加以封赏。

刘瑾诱帝成日嬉戏　继位两月百政俱废

宦官刘瑾在朱厚照当太子时便随侍在身边，清楚当今皇帝年少贪玩的个性，便与太监马永成、谷大用、张永等人，每天提供许多新奇有趣的点子供主子嬉戏，使朱厚照继位才一两个月便开始怠于政事，连孝宗遗诏中所叮嘱要办理或革除的各种事情，也全都置之不理，几乎已经到了百政俱废的程度。皇帝周围的宦官也日益恣肆，每当圣驾外出时，一群人总是像街头混混般操刀披甲、前呼后拥，整个场面看起来就像是唱戏一样。内阁大学士刘健等人看不下去，便上疏劝谏朱厚照应当勤于政事，开始安排该有的课程请大臣陪读侍讲，同时也陈明宠信佞臣所可能带来的危害。不过，正值贪玩年龄、只喜欢寻求刺激的小皇帝对于这些奏章根本就毫无兴趣，也完全不当一回事，只

是批示说知道了，便再也没有任何回应。

热搜事件榜单

198

199

203

204

北京市版权局著作权合同登记号　图字：01-2017-9294

中文简体版（©）2023年，由中国法制出版社出版。

本书由远流出版事业股份有限公司正式授权，同意经由Ca-link International LLc代理，授权中国法制出版社出版中文简体字版本。非经书面同意，不得以任何形式任意重制、转载。

图书在版编目 (CIP) 数据

明朝热搜榜．风云变幻卷 / 黄荣郎著 .—北京：

中国法制出版社，2023.12

ISBN 978-7-5216-3511-9

Ⅰ.①明… Ⅱ.①黄… Ⅲ.①中国历史—明代—通俗读物 Ⅳ.① K248.09

中国国家版本馆 CIP 数据核字（2023）第 072913 号

策划编辑：李　佳　孙璐璐

责任编辑：刘冰清　　　　　　　　　　　　　　　封面设计：汪要军

明朝热搜榜．风云变幻卷

MINGCHAO RESOUBANG. FENGYUN BIANHUAN JUAN

著者 / 黄荣郎

经销 / 新华书店

印刷 / 三河市国英印务有限公司

开本 / 710 毫米 × 1000 毫米　16 开　　　　　　印张 / 14　字数 / 302 千

版次 / 2023 年 12 月第 1 版　　　　　　　　　　2023 年 12 月第 1 次印刷

中国法制出版社出版

书号 ISBN 978-7-5216-3511-9　　　　　　　　　　　定价：48.00 元

北京市西城区西便门西里甲 16 号西便门办公区

邮政编码：100053　　　　　　　　　　　　　传真：010-63141600

网址：http://www.zgfzs.com　　　　　　　　编辑部电话：010-63141837

市场营销部电话：010-63141612　　　　　　印务部电话：010-63141606

（如有印装质量问题，请与本社印务部联系。）